O DEFICIENTE NO DISCURSO DA LEGISLAÇÃO

REINOLDO MARQUEZAN

O DEFICIENTE NO DISCURSO DA LEGISLAÇÃO

PAPIRUS EDITORA

Capa: Vande Gomide
Foto de capa: Rennato Testa
Coordenação: Ana Carolina Freitas
Diagramação: DPG Editora
Copidesque: Lúcia Helena Lahoz Morelli
Revisão: Elisângela S. Freitas,
Isabel Petronilha Costa e
Maria Lúcia A. Maier

Dados Internacionais de Catalogação na Publicação (CIP)
(Câmara Brasileira do Livro, SP, Brasil)

Marquezan, Reinoldo
  O deficiente no discurso da legislação/Reinoldo Marquezan. –
Campinas, SP: Papirus, 2009. – (Série Educação Especial)

Bibliografia.
ISBN 978-85-308-0888-4

1. Análise do discurso 2. Deficientes 3. Deficientes – Educação
4. Educação especial – Brasil – Legislação I. Título. II. Série.

09-05772   CDD-371.90981

Índices para catálogo sistemático:

1. Brasil: Legislação educacional: Discurso sobre
o sujeito deficiente: Análise: Educação especial 371.90981

Proibida a reprodução total ou parcial
da obra de acordo com a lei 9.610/98.
Editora afiliada à Associação Brasileira
dos Direitos Reprográficos (ABDR).

DIREITOS RESERVADOS PARA A LÍNGUA PORTUGUESA:
© M.R. Cornacchia Livraria e Editora Ltda. – Papirus Editora
R. Dr. Gabriel Penteado, 253 – CEP 13041-305 – Vila João Jorge
Fone/fax: (19) 3272-4500 – Campinas – São Paulo – Brasil
E-mail: editora@papirus.com.br – www.papirus.com.br

SUMÁRIO

APRESENTAÇÃO 7

INTRODUÇÃO 11

PARTE I:
O DISPOSITIVO TEÓRICO

1. A ANÁLISE DE DISCURSO 19

PARTE II:
OS DISCURSOS SOBRE O SUJEITO DEFICIENTE

2. A CONSTITUIÇÃO DO *CORPUS* 43

3. A CONSTITUIÇÃO DA ÁREA ESPECÍFICA 57

4. OS SENTIDOS DE SUJEITO DEFICIENTE 85

PARTE III:
OS SENTIDOS NO DISCURSO SOBRE O SUJEITO DEFICIENTE

5. EFEITOS DE SENTIDO NO DISCURSO LEGISLATIVO
   SOBRE O SUJEITO DEFICIENTE 113

CONCLUSÃO 147

REFERÊNCIAS BIBLIOGRÁFICAS 155

APRESENTAÇÃO

Este estudo interroga os efeitos de sentido no discurso sobre o sujeito deficiente produzido pela legislação educacional brasileira enunciado nas Constituições e nas Leis de Diretrizes e Bases da Educação. Os efeitos de sentido são os sentidos possíveis que um enunciado pode conter de acordo com a formação discursiva na qual ele é produzido. Eles parecem ser todos evidenciados por um efeito ideológico que produz a ilusão de que o enunciado quer dizer o que realmente diz.

O dispositivo teórico que fundamenta o estudo se filia à análise de discurso, que permite trabalhar os processos e as condições históricas e sociais da construção dos sentidos. Ela trabalha com o linguístico e com o ideológico no processo de produção do sentido e constituição do sujeito que eles significam. Nessa perspectiva, o sujeito não é um indivíduo corpóreo; é um lugar de significação ideologicamente constituído, uma *posição-sujeito*, isto é, um sujeito que se materializa no entrecruzamento de diferentes discursos e se manifesta no texto pela relação com uma formação discursiva (Pêcheux 1997a). A língua, constitutiva da materialidade do discurso, considerada na sua opacidade e não transparência, admite o equívoco como elemento constitutivo.

A análise de discurso que começou a se desenvolver na França surge de um ambiente intelectual dos anos 1960 afetado por duas rupturas: os progressos da linguística e o deslocamento das formas de considerar a leitura. Os avanços obtidos pela linguística permitiam tratar o sentido não como conteúdo refletindo apenas o que o texto quer dizer, mas permitindo reconhecer como o texto funciona. A leitura, a partir dos trabalhos de Benveniste, acerca da subjetividade na linguagem, de Barthes, nos estudos estruturais da literatura, e de Foucault, que trabalhava com o discurso, aparece não mais como uma decodificadora de textos, mas como a construtora de um dispositivo teórico de análise.

Atravessar um texto e, na sua suposta transparência, identificar o que ele quer dizer, como fazia a análise de conteúdo, não dá conta do sentido ou dos efeitos de sentido ali contidos. A questão do sentido passa, então, a ser central no processo discursivo. A análise de discurso é a disciplina criada para suprir essa falta teórica. Ela é concebida para trabalhar a opacidade do texto e, tendo como instrumento a interpretação, nele reconhecer as presenças do simbólico, do ideológico, do político. A finalidade da análise de discurso não é explicar o conteúdo, mas compreender como um texto funciona. Ela opera em espaços contestados e flutuantes e é exercida para interrogar os sentidos estabilizados.

Este estudo, que trabalha com esse quadro teórico como referência, é uma análise discursiva de um *corpus* constituído com base em discursos sobre o sujeito deficiente produzidos pela legislação educacional brasileira. Não é uma análise da legislação educacional pertinente ao atendimento ao aluno deficiente. Essa distinção se justifica por duas razões: uma é que o sujeito da análise de discurso é o sujeito resultante de um processo de assujeitamento pela língua e pela história; outra é que a análise de discurso se ocupa da produção de sentidos entre locutores e não do conteúdo do texto.

O processo de construção da análise do discurso produzido sobre o sujeito deficiente pela legislação educacional segue um planejamento que contempla a perspectiva metodológica da análise de discurso no seu movimento de ir e vir da teoria ao *corpus* discursivo na procura de sentidos outros. Assim, considerando a reciprocidade constitutiva do dispositivo teórico, do *corpus* e do dispositivo de análise, o estudo está organizado em três partes – Parte I: O dispositivo teórico; Parte II: Os discursos sobre o sujeito deficiente; Parte III: Os sentidos no discurso sobre o sujeito deficiente – e em cinco capítulos.

8 Papirus Editora

A primeira parte do estudo, composta pelo capítulo 1, delimita o quadro teórico ao qual estou filiado: a análise de discurso. Faz referência à biografia do seu fundador, Michel Pêcheux, e ao histórico do seu desenvolvimento. Reúne os principais conceitos da análise de discurso francesa e da brasileira que serão relevantes para a investigação do objeto deste estudo. Enfatiza a concepção de sujeito constituído historicamente por meio dos discursos que o interpelam pela ideologia e pela concepção de discurso, que tem materialidade linguística e histórica e é o lugar de emersão de sentidos. Também apresenta uma síntese da teorização produzida por Orlandi (1993) sobre os sentidos do silêncio e, tendo em vista uma proposta de análise semântico-discursiva do discurso, aborda a semântica de enunciação, adotando como referência básica Guimarães (2005).

Na segunda parte do estudo, nos capítulos 2, 3 e 4, são abordados os discursos sobre o sujeito deficiente. A constituição do *corpus* discursivo, sobre o qual incidirá a análise, está explicitada no capítulo 2. O processo de constituição do *corpus* já é um momento de análise e está, portanto, construído segundo o dispositivo teórico discursivo. Na constituição do *corpus*, foram realizados recortes, que são da ordem dos gestos de leitura. No presente estudo, trata-se de um *corpus* de arquivo construído com base em um conjunto de documentos legais, selecionados para esse fim. Além desses tópicos, estão anunciadas as decisões do processamento metodológico que forjam o estudo.

No capítulo 3 minha intenção é identificar os enunciados discursivos produzidos pelas Constituições, pelas Leis de Diretrizes e Bases da Educação Nacional e pela Lei de Diretrizes e Bases para o Ensino de 1º e 2º Graus sobre o sujeito deficiente, e situar esse enfoque discursivo na história e no contexto social, econômico e educacional, identificando a origem e as condições em que os textos foram produzidos. Pretendo, com essa *revisão/re-construção* histórica, que já é um processo de interpretação, criar as condições para o processo de análise.

Os conceitos de deficiência, diferença e diversidade e os discursos de normal e anormal, exclusão e inclusão do sujeito deficiente são o objeto do capítulo 4. As análises de sentidos desses discursos são realizadas tendo por base um *corpus* analítico constituído pelos estudos de Bhabha (2005) sobre hibridismo cultural e entrelugar, de B.S. Santos (1999) em relação à construção multicultural da igualdade e da diferença, de Foucault (2004a) sobre o discurso, e de Moscovici (2005) e Jodelet (2001, 2005) acerca da representação social.

Na terceira e última parte, no capítulo 5, são discutidos os efeitos de sentido no discurso legislativo sobre o sujeito deficiente por meio de interpretações dos recortes discursivos constitutivos do *corpus* tomado para análise. Os gestos de interpretação e a construção de sentidos outros foram elaborados com base no referencial teórico discursivo, tendo-se como princípio a relação do linguístico com o discursivo e considerando que o sentido sempre pode ser outro, pois a transparência da linguagem é uma ilusão.

INTRODUÇÃO

Olhar para a superfície do discurso sobre o sujeito deficiente produzido pelas legislações e pelas políticas constitui um efeito de sentido[1] de igualdade entre não deficientes e deficientes. Fixando mais o olhar, é possível ver um excesso de dizer expresso em classificações, definições, princípios que retêm a movimentação de sentidos, e de um dizer prescritivo, que normatiza, disciplina, que tenta produzir um apagamento dos sentidos e dos sujeitos.

Este estudo se constitui na fronteira do pedagógico com o político, num espaço de transição e, ao mesmo tempo, de ligação do ir e vir do interdiscurso pedagógico-político. Tem o objetivo de interrogar os efeitos de sentidos no discurso constituído sobre o sujeito deficiente, realizado pela legislação educacional brasileira, por meio da análise do funcionamento da materialidade da língua que constitui a escrituração da lei. Apresenta como fio condutor uma análise discursiva e semântica de um recorte do discurso legislativo produzido sobre o sujeito deficiente.

---

1. Efeito de sentido refere-se aos diferentes sentidos possíveis que um mesmo enunciado pode assumir de acordo com a formação discursiva onde é (re)produzido. Esses diferentes sentidos são todos igualmente evidentes por efeito ideológico que produz a ilusão de que um enunciado quer dizer realmente o que diz.

A opção por constituir como objeto de análise o discurso produzido pela legislação educacional presente nas Constituições, nas Leis de Diretrizes e Bases da Educação Nacional e na Lei de Diretrizes e Bases para o Ensino de 1º e 2º Graus sobre o sujeito deficiente fez-se considerando que: cada Constituição e cada LDB são resultados de uma luta entre forças políticas, da capacidade dos grupos politicamente dominantes de se imporem ao Estado e também da capacidade da sociedade civil de reivindicar direitos. Com essa opção, tenho uma dupla intenção: ampliar o espaço de visibilidade dos processos discursivos enunciados nas leis como instrumentos sociais que se constroem nas relações históricas de sentidos entre os sujeitos, e contribuir na formulação de políticas públicas para o processo de inclusão educacional e social do sujeito deficiente.

O termo deficiente é tomado, no sentido metonímico, para designar as pessoas nomeadas com deficiência, portadoras de deficiência e/ou com necessidades educacionais especiais. É usado em referência a todos os que, em diferentes épocas, foram considerados incapazes ou com capacidades limitadas, de natureza permanente ou transitória, por razões físicas, cognitivas, sensoriais, vocacionais, políticas e/ou econômicas para o exercício pleno da cidadania. É genericamente empregado "recebendo denominações várias nos diversos momentos estudados, pois a palavra é o suporte de um sistema de normas e de valores e de interpretação simbólica do todo que uma sociedade faz (...)" (Jannuzzi 2004, p. 5). Entretanto, esse termo se constitui como designação discursiva.

O dispositivo teórico está filiado à análise de discurso de linha francesa, iniciada por Pêcheux nos anos 1960, continuada e ampliada no Brasil. A análise de discurso mantém os princípios da relação língua-sujeito-história, mais especificamente a relação língua-ideologia que se materializa no discurso. É uma "disciplina de entremeio" (Orlandi 2001) e se exerce em espaços habitados simultaneamente. Utiliza-se, na sua configuração de contribuições, do materialismo histórico, e, nele, da teoria da ideologia desenvolvida por Althusser; da linguística, e, nela, do deslocamento da noção de fala para discurso; da teoria do discurso como teoria da determinação histórica dos processos semânticos; e da psicanálise e suas noções de inconsciente e de descentramento do sujeito.

O discurso materializado na linguagem possibilita a produção de sentidos entre os sujeitos. Ao produzir sentidos entre os sujeitos, o discurso está produzindo os próprios sujeitos; produzindo e etiquetando os sujeitos. Cada um, o operário, o branco, o deficiente, o índio, é interpelado pela evidência da constatação que vincula e dissimula a norma identificadora (Pêcheux 1997a). Assim, trabalho com a hipótese de que o discurso legal pode revelar o movimento de produção dos sentidos e constituição do sujeito deficiente. Para a teoria discursiva, o dizer não apenas narra – ele é parte da realidade, das condições de produção onde se produz, havendo, portanto, relação constitutiva entre o dizer e sua exterioridade.

O estudo analítico longitudinal do texto discursivo legal fornece pistas para as diferentes formas de compreender o sujeito deficiente, porque ele emerge e carrega as marcas da conjuntura histórica e ideológica na formulação de sua versão final. O momento de sanção da lei está contido numa série temporal de atividades ideológicas socialmente organizadas, que marcam, particularmente, cada um e todos os sujeitos. A análise interpretativa desse processo ideológico de interpelação de indivíduo em sujeito pode levar ao estranhamento do sentido da evidência do sujeito deficiente, como se ele estivesse desde sempre *já-lá*. Dessa forma, rompe com a concepção de imanência da deficiência como algo próprio do sujeito, e considera sujeito deficiente como resultante de um processo de assujeitamento pela língua e pela história, ou seja, pela ideologia.

O discurso legal analisado está inscrito nas Constituições e nas leis complementares da educação, as Leis de Diretrizes e Bases da Educação Nacional e a Lei de Diretrizes e Bases para o Ensino de 1º e 2º Graus. Com base nesse *corpus* discursivo, recorto a legislação educacional pertinente ao sujeito deficiente e nela procuro recuperar a trajetória da memória dos movimentos pela educação, identificando os pontos que explicitam a destinação da educação, os sujeitos e as modalidades educacionais.

A lei é um preceito jurídico escrito, emanado do poder competente, com caráter de generalidade e obrigatoriedade. São as leis que designam quem são os sujeitos da educação, designam alguns que não são sujeitos da educação e, outras vezes, ignoram outros sujeitos como se eles não existissem para a educação. A inscrição de um direito no código legal de um país não se dá de forma espontânea e imediata. Tampouco a inscrição do direito garante seu cumprimento. Mas ao inscrever um direito, há o reconhecimento de sua importância, já que a inscrição, o reconhecimento e o cumprimento dos direitos constituem conquistas no processo de instauração do regime de igualdade (Cury 2005).

Para a linguística, a lei se constitui com função de ordenadora do simbólico e realiza o ordenamento social e o assujeitamento individual. É um texto constituído de capítulos, artigos, parágrafos e alíneas, vazado na terceira pessoa do singular; é genérico, não parecendo ser escrito por pessoas históricas, pertencentes a formações ideológicas que defendem diferentes ideias de ordem e desenvolvimento social. No entanto, a lei entra na produção dos sentidos e na formação da identidade do sujeito, pois ela estabiliza sentidos, produz efeitos previsíveis e assegura a reprodução social (Oliveira Fávero 2001).

Esse *corpus* constitui um pano de análise, em cujos enunciados se estampam as pistas discursivas do processo de construção dos sentidos e constituição do sujeito deficiente. Nesse tecido de memórias, procuro produzir sentidos para questões como: Quando o sujeito deficiente apareceu, quando foi designado, isto é, quando ele foi capturado pela legislação? Quem era o sujeito deficiente? Como se constituíram os movimentos sociais pelo atendimento, pela educação, pela inclusão, pela cidadania do sujeito deficiente? Como são exercidas as práticas no atendimento, na educação (quais os seus paradigmas) do sujeito deficiente? Como o sujeito deficiente participa (ou não) do processo em que ele é pensado, julgado, colocado, produzido pelos profissionais, professores, familiares?

A produção discursiva sobre o sujeito deficiente se exerce na processualidade das relações dele com o meio, pela apropriação das operações externas num movimento não contínuo e atemporal ao longo da vida. Essa produção se assenta na ideia de processo, de movimento. Não se fecha. Não se completa. A pesquisa há que a capturar no seu andar, na sua historicidade, ou seja, tendo em consideração que a palavra já teve outros sentidos em outros lugares, outras formações ideológicas, outras condições de produção.

A produção discursiva é um processo, por isso nunca se apronta. Daí minha atenção em formular uma questão de pesquisa que não aprisione o sentido e o sujeito deficiente numa formação acabada, mas que considere a produção discursiva da deficiência no seu movimento e inacabamento. O problema que nos colocamos ao questionar como se constituem os efeitos de sentidos sobre o sujeito deficiente produzido pela legislação faz trabalhar essa ideia. Dessa forma, considerando que os efeitos de sentido nos discursos não se circunscrevem a momentos históricos determinados, mas projetam ecos para outros momentos e lugares, a análise do processo de formação do discurso feito sobre o sujeito deficiente pela legislação poderá ser útil para o processo de ressignificação da relação de alteridade eu-outro deficiente. Assim, atenho-me ao trabalho de esgarçar o tecido representado pelo texto discursivo constituído pela legislação educacional de modo que afrouxe seus nós e, com isso, abra espaços para que sentidos outros possam emergir e imergir entre eles.

PARTE I

O DISPOSITIVO TEÓRICO

1
A ANÁLISE DE DISCURSO

Neste capítulo, busco reunir os principais conceitos da análise de discurso francesa e da brasileira que constituirão o dispositivo analítico de interpretação na investigação empreendida neste estudo. Apresento uma breve referência à biografia do seu fundador e ao histórico do desenvolvimento da análise de discurso nas obras inaugurais de Michel Pêcheux em 1990a e 1990b,[1] 1997a,[2] 2002.[3] Destaco, ainda, a teorização sobre os sentidos do silêncio, produzida por Eni Orlandi (1993), e, além disso, referencio alguns tópicos da semântica da enunciação, uma vez que o estudo toma o acontecimento enunciativo como revelador de sentidos do discurso. Também faço referência à teorização sobre "a construção multicultural da igualdade e da diferença", na obra de B.S. Santos (1999), e "hibridismo cultural e entrelugar", no trabalho de Bhabha (2005).

---

1. Edição original: *Analyse authomatique du discours*. Paris: Dunot, 1969.
2. Edição original: *Les vérités de la palice*. Paris: Maspero, 1975.
3. Edição original: *Discours: Structure ou événement?*. Illinois: Illinois University Press, 1983.

Constituição da teoria

Michel Pêcheux nasceu em 1938 e fez surgir, nos anos 60, a análise de discurso francesa. Conheceu Althusser, quando este escrevia a obra *Lire le capital*, e participou dos seminários de Lacan. Esses teóricos influenciaram-lhe na construção de uma obra que tocou diversos domínios das ciências sociais. Na França da época, havia efervescência intelectual e política e a linguística sinalizava a possibilidade de avançar na consideração do sentido para ultrapassar o conteúdo textual. Essa concepção permitia ir além do que o texto dizia, compreender o funcionamento e constituir um dispositivo teórico de análise que conduzia à compreensão dos sentidos presentes e possíveis nele, desnaturalizando-os e desautomatizando sua relação imediata com a língua. A leitura, na medida em que levou em conta a materialidade da linguagem, sua opacidade e sua não transparência – como prática que encontra sentidos na sua espessura semântica –, deixou a função de decodificação sígnica e tornou-se um dispositivo teórico de análise.

A análise de discurso é apresentada como a disciplina capaz de trabalhar na opacidade do texto, nele enxergando a presença do político, do simbólico e do ideológico. Essa característica lhe possibilita um movimento transdisciplinar no campo das ciências sociais e um posicionamento como disciplina transversal. Ela introduziu um modo de reflexão sobre a linguagem que não se fixa nos domínios do conhecimento já delimitados, mas nos entremeios, nos vãos, onde as disciplinas deixam transparecer suas contradições. Nesses espaços do não feito, da tensão, do litígio, ela fez trabalhar os mecanismos de análise na compreensão de seu objeto: o discurso (Orlandi 2002).

Michel Pêcheux foi construindo sua teoria num processo permanente de revisões, críticas e mudanças de seus conceitos essenciais. Ele sintetiza as três épocas distintas – AD1, AD2 e AD3 – que marcaram as evoluções de seu pensamento. As três épocas não se referem apenas a uma divisão cronológica. Elas aludem às reelaborações conceituais e metodológicas produzidas no percurso de consolidação dessa área do conhecimento. O processo de construção/reconstrução é marcado pelo abandono, pela ampliação e pelo acréscimo de conceitos que tornaram a análise de discurso uma disciplina dinâmica e com potencial de continuidade após a morte de Pêcheux, ocorrida em 1983.

A primeira época da análise de discurso foi tomada como "exploração metodológica de uma noção de maquinaria discursivo-estrutural". Essa noção resulta de uma concepção estruturalista em que os discursos eram considerados homogêneos e fechados em si. Metodologicamente, a AD1 supõe a possibilidade de: 1) "reunir um conjunto de traços discursivos empíricos (...) fazendo a hipótese de que a produção desses traços foi, efetivamente, dominada por uma, e apenas uma máquina discursiva"; 2) "construir, a partir desse conjunto de traços e através de procedimentos linguisticamente regulados, o espaço da distribuição combinatória das variações empíricas desses traços". Nessa concepção estava presente a "ideia de uma álgebra discursiva" em que o trabalho de análise considerava cada uma das sequências linguísticas, que eram tidas por neutras, como um pré-requisito para a análise do *corpus* (Pêcheux 1990b, pp. 311-313).

A segunda época da análise de discurso incorpora a noção de "formação discursiva" tomada da obra de Foucault. O conceito de formação discursiva "começa a fazer explodir a noção de máquina estrutural fechada na medida em que o dispositivo da formação discursiva está em relação paradoxal com seu 'exterior'" (*idem*, p. 314). Isso ocorre porque uma formação discursiva é constituída por outras formações discursivas, por elementos anteriores e exteriores, ao que ele chamou de "pré-construídos". Nessa época, foi também introduzido o conceito de "interdiscurso", designando o exterior da formação discursiva. Relativamente à metodologia de análise, a AD2 apenas muda na constituição dos *corpora* discursivos que são postos em relação para identificar a desigualdade de suas influências internas que ultrapassam o nível da justaposição.

A terceira época da análise de discurso – AD3 – caracteriza-se pela desconstrução total da maquinaria discursiva fechada e pela emergência de novos procedimentos de análise. Aponta novas direções no trabalho de "interrogação-negação-desconstrução"; estabelece o primado teórico do "outro" sobre o "mesmo"; abandona a ideia de homogeneidade; rejeita a concepção de estabilidade pela inexistência de garantias sócio-históricas que assegurassem pertinência teórica; reconhece a não neutralidade da sintaxe; desenvolve as noções de enunciação e heterogeneidade enunciativa,

O deficiente no discurso da legislação 21

que levam à discussão das "formas linguístico-discursivas do *discurso-outro*" (Pêcheux 1990b, p. 315).

A análise de discurso resultou do questionamento sobre "(...) os efeitos do corte introduzido por Saussure em linguística, na medida em que este corte determina paradoxalmente um reforço das ilusões substancialistas e subjetivistas no domínio da semântica" (Pêcheux 1997a, p. 60). A dualidade constitutiva da linguagem, língua-fala – seu caráter formal e ao mesmo tempo subjetivo –, leva os estudos linguísticos a uma mudança de rumo. A compreensão do fenômeno da linguagem passou a ser procurada fora da dicotomia saussuriana, e a instância da linguagem que permite trabalhar a relação entre o nível linguístico e extralinguístico é o discurso.

O discurso é, portanto, a instância de articulação da língua-sujeito-história, ou seja, da relação do linguístico com o ideológico. A língua é a base comum para processos discursivos diferenciados, ou seja, ela é pré-requisito para qualquer processo discursivo, mas dele se diferencia. Assim, "todo sistema linguístico, enquanto conjunto de estruturas fonológicas, morfológicas e sintáticas, é dotado de uma *autonomia relativa* que o submete a leis internas as quais constituem, precisamente, o objeto da linguística" (Pêcheux 1997a, p. 91). A finalidade da análise de discurso é apreender o discurso como processo, questionando as condições de produção, baseando-se no pressuposto de que o discurso é produzido no e pelo meio histórico.

Uma palavra pode significar eventos diferentes. Uma palavra significa quando tem uma textualidade, ou seja, uma realidade significativa, porque a interpretação do seu sentido deriva do discurso em que ela está ancorada. As diferentes maneiras de como a palavra pode significar, interpretar a língua e fazer sentido são o objeto de trabalho da análise de discurso. A teoria discursiva concebe a linguagem como mediação semiótica entre o homem e a realidade histórico-ideológica. Essa mediação, feita pelo discurso, faz funcionar o processo de construção e transformação recíproca sujeito-realidade.

O domínio teórico da análise de discurso está configurado por três regiões interligadas: "a subjetividade, a discursividade e a descontinuidade ciências/ideologias" (Pêcheux 1997a, p. 131). Visando à articulação dessas regiões, o quadro epistemológico constituído abrange três áreas de conhecimento: "o materialismo histórico, como teoria das formações sociais e de suas transformações (...), a linguística, teoria dos mecanismos sintáticos e dos processos de enunciação (...); a teoria do discurso, como teoria da determinação histórica dos processos semânticos" (Pêcheux e Fuchs 1990, pp. 163-164).

Essas três áreas são atravessadas e articuladas pelas noções da psicanálise. A teoria psicanalítica contribuiu com o deslocamento da noção de homem para a noção de sujeito, que se constitui na relação com o simbólico em um determinado meio histórico. As noções de inconsciente e descentração do sujeito possibilitam ao analista compreender forma e conteúdo discursivo como estrutura e acontecimento. Desse modo, "reunindo estrutura e acontecimento, a forma material é vista como acontecimento do significante (língua) em um sujeito afetado pela história" (Orlandi 2002, p. 19). A linguística colabora com a noção de opacidade, não transparência da linguagem. Essa noção autoriza a análise de discurso a mostrar que a relação linguagem-pensamento-realidade não é unívoca, tampouco uma relação direta feita termo a termo, mas que cada componente dessa relação tem sua especificidade. A análise de discurso adota do materialismo histórico a noção de que há um real na história, ou seja, ao fazer história, o homem é afetado por ela. Então, para a teoria discursiva, a língua tem sua ordem própria; o real da história é afetado pelo simbólico; o sujeito da linguagem é descentrado sem poder controlar como o real da língua e o real da história o afetam. Isso, em suma, quer dizer que o movimento do sujeito discursivo é impulsionado pelo inconsciente e pela ideologia (Orlandi 2002).

Na formulação dos fundamentos teóricos de uma teoria materialista do discurso, Pêcheux (1997a) salienta as condições ideológicas de reprodução/transformação das relações de produção. Ao destacar as condições ideológicas de reprodução/transformação, sinaliza que a ideologia, apesar de sua importância, não é a única responsável pela dinâmica reprodução/transformação das relações de produção de uma formação social. Adverte que falar de produção/transformação é admitir o caráter contraditório de todo o modo de produção que se baseia numa divisão em classes. Isso significa que é incorreto situar, de um lado, o que contribui para a reprodução e, de outro lado, o que contribui para a transformação das relações de produção.

Ao tomar a tese althusseriana de que a ideologia interpela os indivíduos em sujeitos, abre-se a possibilidade de articular, no discurso, as noções de sujeito e sentido às estruturas-funcionamento designadas como ideologia e inconsciente. O caráter comum das estruturas-funcionamento como ideologia e inconsciente é de dissimular sua própria existência, produzindo um conjunto de evidências "subjetivas" nas quais o sujeito vai se constituir. A tese de que "a ideologia interpela o indivíduo em sujeito" designa que o "não sujeito", o indivíduo, é interpelado-constituído em sujeito pela ideologia. O sujeito é, "desde sempre, um 'indivíduo interpelado em sujeito'" (Pêcheux 1997a, p. 155). O "desde sempre" – o retorno do estranho no familiar, a volta do reprimido – faz desenvolver a noção de "pré-construído". O pré-construído irrompe no enunciado como se já tivesse existido em outro lugar, em outro momento.

O efeito de pré-construído constitui uma modalidade discursiva de discrepância que interpela o indivíduo em sujeito ao mesmo tempo em que é, paradoxalmente, "sempre-já-sujeito", como processo anterior ao "não sujeito" constituído pela rede de significantes em que o sujeito é preso e resulta dessa rede como causa de "si mesmo". Essa contradição e seu papel motor no processo interpelação-identificação evidenciam que "se trata realmente de um processo, na medida em que os 'objetos' que nele se manifestam desdobram-se, dividem-se, para atuar sobre si enquanto outro de si" (Pêcheux 1997a, p. 157).

O processo de interpelação/identificação produz o sujeito pelas relações sociais jurídico-ideológicas. O sujeito ideológico é interpelado-constituído pela evidência da constatação que vincula e dissimula a norma identificadora: "um soldado francês não recua"; portanto, "se você é um soldado francês e, de fato, você é, então você não pode/deve recuar" (*idem*, p. 159). A ideologia, desse modo, está designando o que é e, ao mesmo tempo, o que deve ser. Isso funciona por meio de desvios linguisticamente marcados entre a constatação e a norma como "retomadas do jogo". A ideologia torna evidente o que todos sabem: o que é um soldado, um operário, um deficiente. Essa evidência faz com que uma palavra ou um enunciado queira dizer o que realmente diz.

O caráter material do sentido, que é disfarçado pela evidência da transparência da linguagem, depende da formação ideológica a que se vincula.

Desse modo, o sentido das palavras e dos enunciados não existe em si mesmo, na sua relação "transparente" com o significante. Ao contrário, o sentido é determinado pelas posições ideológicas no universo sócio-histórico, no qual as palavras e os enunciados são produzidos/reproduzidos. As palavras e os enunciados têm seu sentido vinculado às posições ideológicas daqueles que os empregam. A análise de discurso procura o real do sentido presente na sua materialidade linguística e histórica. Sentido é história, e o sujeito do discurso se constitui na/pela história. Assim também as palavras não estão diretamente relacionadas às coisas. É a ideologia que dá evidência à relação palavra-coisa. O analista não vai buscar o sentido; ele vai à busca de sentidos outros.

Discurso, texto e autor

A etimologia da palavra "discurso" contém a ideia de curso, de movimento. O discurso não é a língua, nem a fala, nem o texto, mas necessita dos elementos linguísticos para ter existência material. É efeito de sentido entre locutores (Pêcheux 1990a e 1990b). É uma prática social que tem como materialidade uma linguagem e uma regularidade que só podem ser apreendidas por meio da análise dos processos de sua produção. Implica uma exterioridade à língua e encontra-se no social. O discurso, na concepção discursiva, não é fechado. "É um processo (...), uma prática. É nesse sentido que consideramos o discurso no conjunto das práticas que constituem a sociedade na história, com a diferença de que a prática discursiva se especifica por ser uma prática simbólica" (Orlandi 2002, p. 71).

O aparecimento de sentidos outros nas palavras reflete a relação que o sujeito tem com elas. A palavra "texto", que no século XII significava "livro do evangelho", a partir do século seguinte perde seu caráter sagrado, e seu sentido torna-se mais amplo, passando a designar qualquer texto, sagrado ou profano. Para a análise de discurso, cujo objeto empírico é o texto, "(...) o texto é definido pragmaticamente como a unidade complexa de significação, consideradas as condições de produção" (Orlandi 1996, p.21). O texto como unidade pragmática de análise funciona como unidade de significação em relação à situação e ultrapassa a noção de informação. O texto do discurso é formado de enunciados que podem vir de diferentes formações discursivas e marcar diferentes posições de sujeito. Dessa forma, um discurso pode ser constituído por textos vindos de formações discursivas diferentes, o que torna possível um mesmo discurso conter diferentes sentidos.

Assim, analisar um discurso implica ultrapassar o texto como superfície fechada em si mesma. É necessário, para o processo de análise, ter presentes as condições socioideológicas de produção do discurso, isto é, o texto precisa ser tomado como discurso, como estado determinado de um processo discursivo. O efeito ideológico discursivo presente na construção do texto é que permite ao analista de discurso identificar as vinculações, os interesses, os conhecimentos do sujeito autor, ou conjecturar acerca deles.

Tomando por base o objeto do discurso e os interlocutores, Orlandi (2003) distingue três tipos de discursos: o lúdico, o polêmico e o autoritário. A autora parte da consideração de que há dois processos que são constitutivos da tensão que produz o texto discursivo: o processo parafrástico (o mesmo) e o processo polissêmico (o múltiplo). O discurso lúdico caracteriza-se por uma polissemia aberta; os interlocutores se expõem; o objeto se mantém presente enquanto tal. No discurso polêmico, os interlocutores não se expõem; procuram controlar e dar direção ao objeto do discurso, o que resulta numa polissemia controlada, havendo um equilíbrio entre a paráfrase e a polissemia. No discurso autoritário, o objeto, o seu referente, está ausente, está oculto pelo dizer; não há interlocutores; a polissemia está contida, tendendo para a paráfrase.

O autor é o lugar onde se constitui a unidade do sujeito; como o lugar da unidade é o texto, o sujeito se constitui como autor ao constituir o texto com coerência e completude imaginárias. Orlandi (2002) reporta-se à distinção entre real e imaginário. O real do discurso é a descontinuidade, a dispersão, a falta, a incompletude, o equívoco, a contradição, que são constitutivos do sujeito e do sentido. O imaginário representa a unidade, a completude, a coerência, a não contradição. A articulação necessária, no jogo entre o real e o imaginário em que o discurso funciona, movimenta-se, produz o acontecimento.

26 Papirus Editora

Em "A morte do autor", Barthes (1988) aborda a questão da autoria. A morte do autor é entendida na perspectiva da enunciação. Para ele, em qualquer texto, quem fala é a linguagem e não o autor. O autor é entendido como aquele que escreve o texto. Não é ele que dá unidade à dispersão do texto; é, sim, o leitor. O texto é espaço onde se inscrevem citações vindas de diferentes lugares e momentos históricos e que compõem uma escritura, é um espaço de dimensões múltiplas que não tem por objetivo possuir um único sentido.

A produção do discurso

As relações de desejo e de poder entre a produção do discurso e os procedimentos que controlam os discursos são acompanhadas pela sociedade de modo que seus efeitos possam ser controlados. A exclusão é um procedimento de controle e de delimitação do discurso. O procedimento mais familiar de exclusão é a interdição. Qualquer que seja o discurso, as interdições que o atingem revelam suas ligações com o desejo e com o poder. Dessa maneira,

> (...) o discurso – como a psicanálise nos mostrou – não é simplesmente aquilo que manifesta (ou oculta) o desejo; é, também, aquilo que é o objeto do desejo; e visto que – isto a história não cessa de nos ensinar – o discurso não é simplesmente aquilo que traduz as lutas ou os sistemas de dominação, mas aquilo por que, pelo que se luta, o poder do qual nos queremos apoderar. (Foucault 2004a, p. 10)

Outro procedimento adotado pela sociedade para exclusão pelo discurso é "uma separação e uma rejeição" (*ibidem*). Aqui o autor se reporta à relação de oposição entre razão e loucura. O discurso do louco é aquele que não pode circular como circula o discurso dos outros sujeitos, pois esse discurso pode ser considerado sem verdade, sem importância, sem valor, nulo. Por outro lado, podem ser atribuídos ao discurso do louco poderes de dizer verdades ocultas, prenunciar o futuro. Assim, esse discurso, por séculos, ou caía no vazio, ou anunciava uma razão não percebida pelos outros. Qualquer uma das formas de discurso servia para reconhecer o louco; eram os lugares onde se realizavam a separação e a rejeição.

Pensa-se, hoje, que essa forma de considerar/desconsiderar o discurso do louco acabou. A palavra do louco não é mais nula e não aceita; ao contrário, nela são buscados sentidos por meio de uma escuta rigorosa. Essa nova forma de relação com o louco não prova que a separação e a rejeição estejam extintas. Para verificar que a separação persiste

> (...) basta pensar em toda a rede de instituições que permite a alguém – médico, psicanalista – escutar essa palavra e que permite ao mesmo tempo ao paciente vir trazer, ou desesperadamente reter, suas pobres palavras; (...) basta pensar em tudo isto para supor que a separação, longe de estar apagada, se exerce de outro modo, segundo linhas distintas, por meio de novas instituições e com efeitos que não são de modo algum os mesmos. (Foucault 2004a, pp. 12-13)

Um terceiro procedimento de exclusão é a "oposição do verdadeiro e do falso" (*idem*, p. 13). A força da verdade pode ser comparada com as separações que se organizam por contingências históricas que, além de se modificarem, estão em permanente deslocamento, têm amparo institucional e se exercem mediante pressão e violência. Para mostrar que a verdade é um procedimento de separação historicamente constituído, Foucault toma como exemplo o discurso grego do século VI, o discurso verdadeiro ao qual se guardavam respeito e submissão:

> (...) era o discurso pronunciado por quem de direito e conforme o ritual requerido; era o discurso que pronunciava a justiça e atribuía a cada qual sua parte; era o discurso que, profetizando o futuro, não somente anunciava o que ia se passar, mas contribuía para a sua realização, suscitava a adesão dos homens e se tramava assim com o destino. (*Idem*, p. 15)

Essa forma de manifestação da verdade se deslocou, não deixou de existir, do ato ritualizado em que se dava a sua enunciação para o próprio enunciado: seu sentido. Esse deslocamento histórico ocorreu por força da nossa vontade de verdade, vontade de saber. A vontade de saber, como os outros procedimentos de separação, sustenta-se no apoio institucional. É reforçada por um conjunto de práticas sociais e reconduzida pelo modo como o saber é valorizado, produzido e distribuído na sociedade. A vontade de verdade, "apoiada sobre um suporte e uma distribuição institucional, tende a exercer sobre os outros discursos (...) uma espécie de pressão e como que um poder de coerção" (*idem*, p. 18). Assim, primeiramente, o sistema penal se bastava com os suportes na teoria do direito; depois teve que se valer dos saberes da sociologia, da psicologia, da medicina como discurso de verdade, pois só a palavra da lei não atendia ao desejo de verdade. O saber, para Foucault, é a expressão da vontade de poder. O poder necessita do saber como instrumento de dominação, pois o poder está na origem do processo que constitui os sujeitos em um determinado tipo. Assim, a identidade dos sujeitos é definida/produzida por meio dos aparatos discursivos institucionais – a legislação.

Formação discursiva, interdiscurso e memória

Formação discursiva é uma manifestação discursiva de uma formação ideológica. É a matriz dos sentidos. Uma formação discursiva é o que, "numa formação ideológica dada, isto é, a partir de uma posição dada numa conjuntura dada, determinada pelo estado de luta de classes, determina o que pode e deve ser dito" (Pêcheux 1997a, p. 160). É ela que regula o que o sujeito pode e deve dizer, e o que ele não pode e não deve dizer numa determinada relação social. Sendo a expressão da formação ideológica, a formação ideológica é a matriz da formação discursiva. As formações discursivas têm, no seu interior, diferentes discursos, que são o interdiscurso. O entrelaçamento dos diferentes discursos vindos de diferentes momentos da história, de diferentes lugares sociais, de diferentes autores, caracteriza uma interdiscursividade.

Para ter um determinado sentido e não outro, o discurso inscreve-se em uma determinada formação discursiva e não em outra. Isso revela que as palavras não carregam o sentido nelas mesmas; elas adquirem sentidos nas formações discursivas às quais se vinculam. As formações discursivas revelam as formações ideológicas que são integrantes delas;

assim, os sentidos são constituídos ideologicamente. Elas são heterogêneas e suas fronteiras são fluidas, configuram-se e reconfiguram-se continuamente pelas suas relações. Elas contêm elementos vindos de outras formações discursivas que podem ser complementares, contraditórios ou excludentes. Ela "não é um espaço estruturalmente fechado, pois é constitutivamente 'invadido' por elementos que vêm de outro lugar (...) que se repetem nela, fornecendo-lhe suas evidências discursivas fundamentais" (Pêcheux 1990b, p. 314).

No interior de uma formação discursiva, por não ser ela um espaço fechado, encontram-se elementos que existiram em outros lugares sociais, em outros momentos históricos que, sob novas condições de produção, reconfiguram-se e possibilitam outros efeitos de sentidos. Assim, "a estruturação do discursivo vai constituir a materialidade de uma certa memória social". A memória que os discursos exprimem é reconstruída na enunciação (Achard 1999, p. 11). A estruturação do texto, desta forma, é uma questão social; os sentidos são produzidos na/pela circulação social seguindo uma diferenciação das memórias. Os discursos, assim, contêm uma memória coletiva, na qual os sujeitos de diferentes grupos culturais estão inscritos.

A memória discursiva é entendida não como a memória como função psicológica individual, "mas nos sentidos entrecruzados da memória mítica, da memória social inscrita em práticas, e da memória construída do historiador" (Pêcheux 1999, p. 50). Como estruturadora da materialidade, a memória discursiva é o que, em relação a um texto que aparece como "acontecimento a ler, vem restabelecer os 'implícitos' (quer dizer, mais tecnicamente, os pré-construídos, elementos citados e relatados, discursos-transversos etc.) de que sua leitura necessita: a condição do legível em relação ao próprio legível" (*idem*, p. 52). A memória é o saber discursivo, a memória do dizer. É o que foi dito e o que é dito a respeito de um assunto. É o que foi dito, mas, com o passar do tempo, esquecemos como foi dito, por quem e em que circunstância, ficando como um já dito, sobre o qual os nossos sentidos se produzem (Orlandi 2001).

Sentido e sujeito

A noção de sentido, compreendida como um efeito de sentidos entre interlocutores, é integrante da noção de discurso. O sentido é constituído no contexto. Não há um sentido hierarquicamente mais importante do que os outros; entretanto, "em certas condições de produção, há de fato dominância de um sentido sem por isso perder a relação com os outros (implícitos)". A sedimentação dos processos de significação realiza-se historicamente, institucionalizando um sentido dominante. A institucionalização dá legitimidade, e o sentido legitimado torna-se sentido oficial, literal. A literalidade, assim, é produzida historicamente por um efeito de sentido, não existe *a priori*. "A unidade não preexiste ao emprego" (Orlandi 1996, pp. 20-21).

O sentido, para a análise de discurso, não é inerente à palavra; todos os sentidos são possíveis. Ele não está fixado à palavra, "nem tampouco pode ser qualquer um: há uma determinação histórica" (*idem*, p. 27). O contexto histórico-social é parte constitutiva do sentido. Pode-se dizer que, para a análise de discurso, os sentidos são historicamente determinados e que o sentido dominante do discurso não repousa em si, mas na formação discursiva que está relacionada a uma formação ideológica, à qual o sujeito autor e o sujeito leitor estão assujeitados.

A "evidência" veiculada pela língua resulta de um "processo de interpelação-identificação que *produz* o sujeito no lugar deixado vazio: 'aquele que...', isto é, X, o quidam que *se achará aí*; e isso sob diversas formas, imposta pelas relações sociais jurídico-ideológicas". É a ideologia que dá as evidências do que "todo mundo sabe". São as "evidências que fazem com que uma palavra ou um enunciado 'queiram dizer o que realmente dizem' e que mascaram, assim, sob a 'transparência da linguagem', aquilo que chamaremos o *caráter material do sentido* das palavras e dos enunciados" (Pêcheux 1997a, pp. 159-160).

Os sentidos são produzidos de acordo com os lugares ocupados pelos sujeitos do discurso. Dessa maneira, uma mesma palavra pode variar seus sentidos dependendo do lugar socioideológico dos sujeitos interlocutores. Assim, de acordo com as posições discursivas dos sujeitos, a enunciação tem um sentido e não outro/outros. O lugar socioideológico em que se encontram os sujeitos enunciadores intervém como as condições de produção do discurso, não como realidade física, mas de um objeto imaginário. Trata-se do que vem "pela história, (...) pela memória, pelas filiações de sentidos constituídos em outros dizeres, em muitas outras vozes, no jogo da língua que vai se historicizando aqui e ali, indiferentemente, mas marcada pela ideologia e pelas posições relativas ao poder" (Orlandi 2002, p. 32).

Sujeito não se refere à pessoa que tem uma existência particular no mundo. O sujeito discursivo é aquele que tem existência em um espaço social e ideológico, num determinado momento da história. A voz dele revela o lugar social de onde ele significa e expressa um conjunto de outras vozes componentes da mesma realidade social. São "os efeitos da ideologia que produzem a aparência de unidade do sujeito e de transparência do sentido. Esses efeitos, por sua vez, funcionam como 'evidências' que, na realidade, são produzidas pela ideologia" (Orlandi 1996, p. 56).

O sujeito, contudo, não é homogêneo. Seu discurso se constitui do entrecruzamento de discursos que se opõem, se complementam, se contradizem. A polifonia alude à presença de diferentes vozes que se entrecruzam no momento da constituição do discurso. A noção de dialogismo vem da oposição feita à concepção saussuriana de língua como um sistema monológico. O dialogismo orienta-se para a interação entre o *eu* e o *outro* e para outros discursos historicamente constituídos pelos sujeitos, que conferem ao discurso uma perspectiva polivalente de sentidos. Percebendo não haver uniformidade do sujeito dados a polifonia e o dialogismo constitutivos do sujeito discursivo, Authier-Revuz (1998) introduz a noção de "heterogeneidade discursiva", que, em oposição à homogeneidade, designa um sujeito constituído por meio de diferentes discursos.

A noção de heterogeneidade discursiva compreende a heterogeneidade constitutiva e a heterogeneidade mostrada. A heterogeneidade constitutiva compreende o próprio discurso (e o sujeito) como constituído pelo entrelaçamento de diferentes discursos existentes no meio social. Ela não aparece marcada na superfície do discurso, mas pode ser revelada pela análise de discurso, com base no pressuposto da presença do outro na constituição da formação discursiva. Na heterogeneidade mostrada, a voz do outro pode ser identificada na superfície da materialidade linguística do discurso, pois ela pode aparecer "marcada", ou seja, visível na materialidade do texto, ou "não marcada", que é da ordem do discurso, do acontecimento.

Uma modalidade de heterogeneidade marcada no texto é aquela em que o locutor usa suas próprias palavras para traduzir o discurso do outro, uma forma de discurso relatado, ou recorta as palavras do outro e as cita formando o discurso direto. Outro tipo de heterogeneidade marcada no texto é aquela em que o locutor mostra as palavras do outro em seu discurso, assinalando-as com aspas, com itálico, com uma remissão a outro discurso, sem que seja interrompida a autonomia do seu discurso. A modalidade de heterogeneidade não marcada, não mostrada na materialidade linguística, anuncia a presença do outro no discurso não explicitamente mostrada, mas aparece no espaço do implícito, como, por exemplo, no discurso indireto livre, na antífrase, na ironia, na imitação. A presença do outro, não mostrada explicitamente, pode aparecer por meio de "outras palavras, sob, nas palavras" assinaladas nos lapsos, nos acrósticos, nos anagramas, nos movimentos de deslizamento de sentidos de uma palavra (Authier-Revuz 1982, p. 5).

A noção de heterogeneidade discursiva reflete, na perspectiva psicanalítica, a relação entre o sujeito e a linguagem. A psicanálise corrobora a compreensão do sujeito descentrado, considerando que, sob as palavras, outras palavras podem ser ditas. O sujeito, no entanto, tem a ilusão de ser a fonte do seu dizer e pensa poder controlar os sentidos do que diz, desconhecendo que, no seu discurso, está o outro, como exterioridade social. O inconsciente psicanalítico constitui manifestações psíquicas do/ no sujeito que fogem ao controle da consciência e afloram no discurso em forma de lapsos, atos falhos, independentemente da vontade do sujeito, muitas vezes produzindo sentidos que ele não desejava. Além da constatação do sujeito de que sua fala produziu sentido diferente daquilo que desejava, o sentido constitui-se fora do seu controle: constitui-se no social.

A questão do descentramento do sujeito – o sujeito não é, tem a ilusão de ser, o centro do seu dizer – é abordada por Pêcheux (1997a) nas duas formas de esquecimento. O *Esquecimento n. 2* refere-se à ilusão que o sujeito tem de poder controlar o que diz, de ser a fonte, a origem do seu

O deficiente no discurso da legislação 33

dizer. Esse esquecimento é da "ordem da enunciação; ao falarmos, o fazemos de uma maneira e não de outra e, ao longo do nosso dizer, formam-se famílias parafrásticas que indicam que o dizer sempre podia ser outro". No *Esquecimento n. 1*, o sujeito tem a ilusão de controlar o sentido do que diz. Este é chamado de "esquecimento ideológico: ele é da instância do inconsciente e resulta do modo pelo qual somos afetados pela ideologia" (Orlandi 2002, p. 35).

Silêncio e sentido

Na análise do *corpus* podem-se considerar duas vertentes de significação como fundantes do discurso: a linguagem e o silêncio. Atribuir sentido ao silêncio decorre da necessidade que o homem, como ser simbólico, sente de atribuir significado a tudo. Sendo o discurso o efeito de sentidos entre locutores, a materialidade discursiva comporta o silêncio como linguagem que significa. O silêncio não fala, significa. Como forma significante, o silêncio tem sua materialidade, sua forma material específica. A materialidade do discurso é a forma material constituída na discursividade e pela discursividade. Nessa forma material, inscrevem-se os efeitos da articulação língua-sujeito-história, ou seja, os efeitos da relação língua-ideologia.

O dizível – o interdiscurso, a memória do dizer – abre-se em regiões: as formações discursivas, as quais, como diferentes regiões do interdiscurso, refletem as diferenças ideológicas que serão responsáveis pelos diferentes sentidos produzidos no interdiscurso. As relações entre as formações discursivas, entre os sentidos, jogam com estes, produzindo "efeitos de sentido". Esses efeitos múltiplos apontam para o sentido "outro", do diferente, do sem sentido, para permitir a escolha e o investimento em "um" sentido. É nesse ponto que o trabalho do silêncio se exerce. Os sentidos "têm uma relação necessária com o silêncio, no qual o silêncio não é falta de palavras (há palavras cheias de sentidos a não se dizer, logo cheias de silêncios) e onde o 'branco' não é ausência de sentidos" (Orlandi 2001, p. 129).

O silêncio antecede, atravessa, sucede a palavra. Ajuda a palavra a significar. Ajuda a movimentar os sentidos. Não é o vazio, o nada. "É o não-dito no interior da linguagem" (Orlandi 1993, p. 23). O silêncio não é apenas um complemento da linguagem. Ele representa a possibilidade de o sujeito trabalhar a contradição constitutiva presente na relação do "um" com o "múltiplo", que torna possível a eleição/deslocamento do sentido. Como possibilidade de movimentar sentidos, por intervir tanto na relação do sentido com o imaginário quanto na relação da língua com a ideologia, o silêncio é fundador, isto é, ele existe nas palavras, significa por si só.

O silêncio "é a própria condição de produção de sentido (...) ele aparece como espaço 'diferencial' da significação: lugar que permite à linguagem significar". Ele possibilita, dá espaço para o sujeito realizar manobras para a produção de sentidos: "Desta concepção de silêncio, como condição e significação, resulta que há uma incompletude constitutiva da linguagem enquanto sentido"; essa incompletude, no entanto, não significa como falta, mas como possibilidade. Essa noção de silêncio – o silêncio que existe nas palavras, que significa o não dito, que dá o espaço significante, que produz as condições para significar – é denominada "silêncio fundador" (*idem*, pp. 70-71).

A concepção de silêncio compreende, além do silêncio fundador, "a *política do silêncio* [silenciamento] que, por sua vez, tem duas formas de existência ligadas: o silêncio constitutivo e o silêncio local". O silêncio fundador significa em/por si mesmo. Diferentemente, na política do silêncio, o silêncio constitutivo representa um efeito de discurso que separa o que se diz e o que não se diz, isto é, instala o "anti-implícito: se diz x para não (deixar) dizer y, este sendo o sentido a se descartar do dito. Por aí se apagam os sentidos que se quer evitar, sentidos que poderiam instalar o trabalho significativo de uma 'outra' formação discursiva, uma 'outra' região de sentidos". O silêncio local, ao lado do silêncio constitutivo, como parte da política do silêncio, "é a manifestação mais visível desta política: a interdição do dizer [censura]" (*idem*, pp. 75-76). A análise do discurso constituído pela legislação sobre o sujeito deficiente vai servir-se da materialidade da linguagem e da materialidade do silêncio para fazer significar os sentidos do discurso e o sujeito da deficiência.

Enunciação e interpretação

A semântica da enunciação, numa perspectiva que considera o sentido e o sujeito enunciador na sua historicidade, caracteriza o enunciado como integrante de uma "(...) prática social e inclui, na sua definição, uma relação com o sujeito, mais especificamente com posições do sujeito, e seu sentido se configura como um conjunto de formações imaginárias do sujeito e seu interlocutor e do assunto de que se fala" (Guimarães 1989, p. 73). Afirma o autor que, para a existência de um enunciado, é necessário que existam outros enunciados com os quais faça relação. O sentido e o sujeito não podem ser pensados fora de uma relação. A noção de semântica histórica proposta pelo autor coloca a enunciação na relação com o interdiscurso de tal modo que o sentido não é uma intenção do sujeito que se apropria da língua, mas resulta da relação com o interdiscurso.

As palavras e os enunciados não cobrem a realidade natural e social. As brechas deixadas pela cobertura linguística e a sua opacidade viabilizam o trabalho da interpretação. A relação pensamento-linguagem-mundo é uma relação aberta e incompleta. A interpretação é uma função dessa incompletude que é entendida como uma falha constitutiva do sentido e do sujeito, como lugar do possível na linguagem. É justamente a incompletude do espaço simbólico representado pelo texto que assegura a possibilidade e a necessidade da interpretação. Um enunciado é uma unidade linguística que contém uma série de pontos de deriva que dão lugar à interpretação. Pelo trabalho da interpretação, o enunciado pode tornar-se outro, e esse outro enunciado é a manifestação do inconsciente, da língua, da história. Interpretação é um gesto (Pêcheux 1990a, 1990b), um ato no nível simbólico. O gesto de interpretação é possível porque o espaço simbólico é marcado pela incompletude, é o lugar da ideologia. Pelo movimento de interpretação, tem-se a ilusão de que o sentido já estava lá. Isso leva a uma naturalização do sentido obtido na/pela relação com o simbólico, com o histórico, chegando a uma negação, a um apagamento ideológico da interpretação. O lugar da interpretação é aquele que resulta do deslizamento de sentido manifesto na metáfora, que é da ordem do simbólico. O efeito metafórico, produzido pelo deslizamento do sentido, onde a língua e a história se juntam, é o lugar do trabalho ideológico, da interpretação.

O sentido é uma palavra – uma proposição por outra – na qual a transferência, a metáfora, ganha lógica nas formações discursivas nas quais se inscreve. Ao constituir sentido por meio do trabalho metafórico, a interpretação constitui, ao mesmo tempo, o sujeito do discurso. O sentido, assim como o sujeito discursivo, embora não esteja fixado à essência da palavra, não pode ser qualquer um; há uma injunção histórica para sua constituição. Os sentidos e os sujeitos se constituem nos processos de transferência metafórica e simbólica que fogem ao controle consciente por um trabalho da ideologia e do inconsciente. A produção dos sentidos depende das relações constituídas nas/pelas formações discursivas nas quais as palavras estão inseridas. Eles não são determinados por propriedades da língua. As palavras não têm sentido inerente a sua literalidade. Palavras iguais, inscritas em formações discursivas diferentes, podem ter significados diferentes. O sentido resulta do movimento de interpretação e sua evidência é um efeito ideológico. Uma palavra "não tem *um* sentido que lhe seria 'próprio', vinculado a sua literalidade. Ao contrário, seu sentido se constitui em cada formação discursiva" (Pêcheux 1997a, p. 161).

Hibridismo cultural e construção multicultural da igualdade e da diferença

As construções teóricas de Bhabha (2005) alusivas ao hibridismo cultural se aproximam da abordagem pechêuxtiana de discurso, que escapa da intencionalidade do sujeito, e de B.S. Santos (1999), quando discute acerca da construção multicultural da igualdade e da diferença. Em ambas as abordagens teóricas, o sujeito perde sua univocidade. Em Pêcheux, por influência da acepção psicanalítica da sua construção teórica, o sujeito é dividido, clivado, descentrado e heterogêneo; em B.S. Santos, a construção da igualdade e da diferença do sujeito é multicultural; em Bhabha, o hibridismo dos processos que se dão na articulação de diferentes culturas fornece os elementos para a constituição do sujeito.

O crítico indo-britânico Homi Bhabha (2005) toma como categorias primordiais de sua reflexão o que ele identifica como "hibridismo cultural" e "entrelugar". Para o autor, o sujeito se constitui em espaços culturais híbridos de modo que sua identidade se forma nos interstícios de articulação das diferentes culturas. O entrelugar, como zona de articulação de culturas e criação de estratégias para a constituição de formas outras de subjetivação, caracteriza-se pela instabilidade, pela tensão, pela angústia, pela resistência.

A resistência aos discursos hegemônicos é produzida pela estratégia da ambivalência inerente ao discurso colonial. Essa ambivalência possibilita o uso da imitação do modelo: o outro é representado de maneira semelhante ao colonizador, mas não exatamente igual; um sujeito com constituição cultural híbrida que representa, ao mesmo tempo, uma semelhança e uma ameaça. O discurso colonial caracteriza-se pela indeterminação em relação à diferença e à desqualificação do colonizado. Isso ocorre porque, ao tentar "normalizar" o outro para torná-lo conhecido e disciplinado, produz uma "presença parcial" que traz como consequência a constituição do outro como uma ameaça à autoridade colonial. A presença do outro induz a um processo de imitação que funciona como uma estratégia de defesa diante daquilo que não pode ser assimilado. Esse movimento, em que um influencia o outro e ambos se modificam, é denominado pelo autor de *hibridismo*. Essa concepção expressa que, no processo interativo, os sujeitos da relação, colonizador e colonizado, resultam constituídos um pelo outro num jogo interminável de apropriação e resistência. O local da cultura como um *entrelugar* deslizante, aberto pelo confronto de sistemas culturais em relação, é capaz de romper com os essencialismos e estabelecer um processo de constituição do sujeito pela alteridade (Bhabha 2005).

O descobrimento é uma relação de poder e saber: "é descobridor quem tem mais poder e mais saber e, com isso, a capacidade de declarar o outro como descoberto". Afirma o sociólogo português Boaventura Santos (2002, p. 23), no artigo "O fim das descobertas imperiais", que não há descoberta sem descobridores e sem descobertos e que, no ato da descoberta, não é possível saber quem descobre e quem é descoberto. A descoberta, para o autor, tem dupla dimensão: uma empírica, que corresponde ao ato de descobrir, e outra conceitual, que dimensiona a ideia do que é descoberto. A dimensão conceitual precede à empírica, e a ideia do que é descoberto determina as ações futuras. A dimensão conceitual presente nas descobertas imperiais é a da inferioridade do outro. A descoberta, além de se pautar na inferioridade, legitima e aprofunda essa concepção. Assim, o descoberto é posto a distância, à margem, abaixo. Múltiplas são as estratégias de inferiorização citadas pelo autor, entre as quais mencionamos algumas: escravatura, racismo, desqualificação do outro, imposição econômica, imposição política e imposição cultural. A desqualificação produz um efeito de sentido de incompetência que alimenta um conjunto de produções discursivas e práticas sociais que constituem os sujeitos.

As ciências humanas, por meio de suas diferentes disciplinas, criam o dispositivo de normalização que é, ao mesmo tempo, qualificador e desqualificador do sujeito. A qualificação/desqualificação consolida a desigualdade e a exclusão. A desigualdade e a exclusão, na modernidade capitalista, são controladas por mecanismos de "regulação social". O dispositivo ideológico de combate à desigualdade e à exclusão é denominado "universalismo", que é "uma forma de caracterização essencialista a qual, paradoxalmente, pode assumir duas formas na aparência contraditórias: o *universalismo antidiferencialista*, que opera pela negação das diferenças, e o *universalismo diferencialista*, que opera pela absolutização das diferenças" (Santos 1999, p. 6). A negação das diferenças no universalismo antidiferencialista se realiza por um princípio de homogeneização que anula as características identificatórias e impede a comparação, enquanto a absolutização das diferenças pelo universalismo diferencialista se processa segundo a norma do relativismo que torna as diferenças incomparáveis. Assim, o universalismo antidiferencialista inferioriza pela semelhança, e o universalismo diferencialista inferioriza pela diferença. Ambos os processos "permitem a aplicação de critérios abstratos de normalização sempre baseados numa diferença que tem poder social para negar todas as demais ou para declarar incomparáveis e, portanto, inassimiláveis" (*ibidem*).

PARTE II

OS DISCURSOS SOBRE O SUJEITO DEFICIENTE

2
A CONSTITUIÇÃO DO *CORPUS*

Neste capítulo desejo trabalhar o processo de constituição do *corpus* discursivo previsto para este estudo. Identifico os tipos de *corpus* distinguidos pela análise discursiva, o recorte e as condições de produção dos discursos sobre o sujeito deficiente construídos pela legislação e anuncio as decisões metodológicas. Ressalvo que as decisões do processamento metodológico em análise de discurso não são adotadas em uma perspectiva modelar ou de rotinização sistêmica (J.B. Santos 2004). Elas são tomadas ao longo do estudo, no processo recorrente de ir e vir do *corpus* à teoria, tendo em vista as características de movência, opacidade e alteridade, assumidas pelos discursos. Também faço referência à legislação – lei, legislador, legitimação da lei – como um gênero discursivo que constitui sentidos e sujeitos e que regula o funcionamento social.

Corpus

O trabalho de análise de uma superfície linguística transformada em discurso inicia-se pela constituição do *corpus*. O procedimento envolve o delineamento dos limites, os recortes do objeto e as retomadas constantes de conceitos e princípios da análise de discurso, pois, no momento em que se delimita o *corpus*, já vai sendo feito um trabalho de análise. O *corpus*, para a análise de discurso, não é dado *a priori*. É construído por meio de gestos de leitura, de interpretação e de compreensão do próprio objeto de investigação. O processo, assim, não segue critérios empíricos e sim critérios teóricos (Orlandi 2002).

Na configuração do *corpus*, há que considerar o discurso como parte de um processo discursivo aberto que tem relação com o discurso anterior e aponta para outro do qual se podem recortar e analisar diferentes momentos. O recorte que representa um momento do processo discursivo leva em conta fatos da linguagem com a memória, com a espessura semântica, com a materialidade linguístico-discursiva que possibilita a verticalização em profundidade do trabalho de análise. Desse modo, a constituição do *corpus* já é um trabalho de análise, pois implica decidir em relação às propriedades discursivas a serem consideradas. A decisão é tomada pelo analista que o dimensiona conforme os objetivos da pesquisa, balizado no dispositivo teórico da análise de discurso.

O *corpus* é tomado como "um conjunto de sequências discursivas estruturado segundo um plano definido com referência a certo estado de condições de produção do discurso" (Grigoletto 2002, p. 63). Na medida em que o analista tem a possibilidade e a responsabilidade de eleger o conjunto de textos em um *corpus* que influenciará o trabalho da análise, esta pode ser vista como decorrendo de condições sócio-históricas em que se inscreve (Charaudeau e Maingueneau 2004). É pela ação do analista que o *corpus* vai ser estruturado; ele não existe, enquanto tal, antes desse trabalho.

"O *corpus*: que bela ideia!", afirma Barthes (2003, p. 179) em sua obra autobiográfica *Roland Barthes por Roland Barthes*, "sob condição que se leia no *corpus* o *corpo*: quer se procure no conjunto de textos retidos para estudo (e que forma o *corpus*), não mais somente a estrutura, mas as figuras da enunciação"; e continua: "quer se tenha com esse conjunto alguma relação amorosa (na falta de que o *corpus* não é mais do que um imaginário científico)". O olhar do linguista vê uma "bela ideia" no *corpus* como um *corpo*, ou seja, um "conjunto de textos retidos para estudo" e que com ele se venha guardar uma "relação amorosa", compreensiva, legitimada, sem a qual o *corpus* não vai além de "um imaginário científico".

Constituição do *corpus*

A análise discursiva distingue dois tipos de *corpus*: *corpus* experimental e *corpus* de arquivo. O primeiro é obtido por materiais de resposta a entrevista, a questionário e outros. O segundo é delimitado por documentos referentes a um determinado assunto. O arquivo, porém, não é dado *a priori* e seu funcionamento é opaco. Há complexidade no fato arquivista; o arquivo "não é o reflexo passivo de uma realidade institucional, ele é, dentro de sua materialidade e diversidade, ordenado por sua abrangência social". O arquivo "não é um simples documento no qual se encontram referências; ele permite uma leitura que traz à tona dispositivo e configurações significantes" (Guilhaumou e Maldidier 1997, p. 164).

O arquivo, assim, não é tomado apenas como um documento do qual se retiram os referentes, mas está aberto a uma leitura interpretativa. Para que essa leitura que faz emergirem "dispositivos e configurações significantes" seja possível, é necessário considerar a materialidade da língua e a memória no discurso do arquivo. "É esta relação entre língua como sistema sintático intrinsecamente passível de jogo, e a discursividade como inscrição de efeitos linguísticos materiais na história, que constitui o nó central de um trabalho de leitura de arquivo" (Pêcheux 1997b, p. 63).

A escolha do objeto de análise não é restringida pela natureza da linguagem; portanto, diferentes práticas discursivas, como a palavra, a imagem, o som, o silêncio, interessam à análise de discurso. Neste estudo, tomo como *corpus* de análise os enunciados dos discursos da legislação e do silêncio fundante, para, na sua materialidade simbólica, ampliar a compreensão das palavras. A análise interpretativa dos textos legais, o *corpus*, apoia-se na materialidade da língua no discurso do arquivo e no funcionamento da memória discursiva na produção dos enunciados do arquivo jurídico. "O gesto de interpretação se faz entre a memória institucional (o arquivo) e os efeitos de memória (interdiscurso), podendo assim tanto estabilizar como deslocar sentidos" (Orlandi 2002, p. 48).

O *corpus* deste estudo é composto por materiais de arquivo. Os documentos desse arquivo são as leis federais: Constituições, Leis de Diretrizes e Bases da Educação Nacional e Lei de Diretrizes e Bases para o Ensino de 1º e 2º Graus. O *corpus* discursivo está recortado em unidades discursivas. Esses recortes constituem fragmentos de discurso que, submetidos à análise, são capazes de revelar uma determinada situação discursiva. Os fragmentos devem formar sequências discursivas relacionadas entre si e estar integrados no plano interdiscursivo. Neste estudo, organizei dois recortes para análise. Um recorte é constituído de sequências discursivas extraídas do *corpus* da legislação constantes nas Constituições, até a Constituição de 1937, que referem os sujeitos da educação de modo geral, sem referir o sujeito deficiente. O outro recorte discursivo está composto por sequências que aparecem no *corpus* a partir de 1946.

As condições de produção do *corpus* discursivo referem o contexto da discursividade. As condições de produção são consideradas em sentido estrito e em sentido amplo. Sentido estrito refere o contexto imediato, as circunstâncias da enunciação. Em sentido amplo as condições de produção referem o contexto sócio-histórico e ideológico. As condições de produção compreendem os sujeitos e, além disso, a memória faz parte da produção do discurso (Orlandi 2002).

A materialidade do *corpus* discursivo constituído para este estudo foi produzida em condições de produção heterogêneas. Os discursos legislativos foram produzidos em circunstâncias enunciativas e sócio-históricas distintas por diferentes locutores e para diferentes destinatários. As Constituições foram, cada uma delas, produzidas em circunstâncias peculiares, assim como o foram as Leis de Diretrizes e Bases da Educação Nacional e as Leis de Diretrizes e Bases para o Ensino de 1º e 2º Graus. Dessa forma, o contexto imediato e amplo de cada legislação – suas formas de enunciação – identifica as condições de produção e traz para a consideração dos efeitos de sentidos os indicadores das formas como a sociedade e suas instituições se estruturavam para estabelecer e regular os processos interativos entre os sujeitos. A memória, pensada em relação a discurso, é considerada como interdiscurso. Este é definido como

> (...) aquilo que fala antes, em outro lugar, independentemente. Ou seja, é o que chamamos memória discursiva: o saber discursivo que torna possível todo o dizer e que retorna sob a forma de pré-construído, o já-dito que está na base do dizível, sustentando cada tomada da palavra. O interdiscurso disponibiliza dizeres que afetam o modo como o sujeito significa em uma situação discursiva dada. (Orlandi 2002, p. 31)

Assim, tudo o que foi dito sobre o sujeito deficiente em outros lugares, por outros sujeitos, em outras épocas tem algum efeito e está significando no texto discursivo legal. A observação do interdiscurso permite-nos remeter o texto discursivo legal às suas filiações discursivas e identificar seus compromissos políticos e ideológicos. Há uma relação entre o já dito e o que está se dizendo, uma relação entre o interdiscurso e o intradiscurso, entre a produção do sentido e sua formulação. Orlandi representa o interdiscurso como um eixo vertical, onde estariam todos os dizeres já ditos – e esquecidos – em uma estratificação de enunciados que representa o dizível; em um eixo horizontal – o intradiscurso –, que seria o eixo da formulação, aquilo que estamos dizendo naquele momento dado, em condições dadas. Desse modo, para a autora,

> (...) a constituição determina a formulação, pois só podemos dizer (formular) se nos colocamos na perspectiva do dizível (interdiscurso, memória). Todo o dizer, na realidade, se encontra na confluência dos dois eixos: o da memória (constituição) e o da atualidade (formulação). E é desse jogo que tiram seus sentidos. (*Idem*, p. 33)

O *corpus*, composto por sequências discursivas, foi constituído com base em leis. Sendo discurso, a lei realiza a inscrição histórico-ideológica das posições-sujeito, isto é, demarca um território de onde o sujeito vai/ pode significar. A legislação, como discurso que está na ordem das leis, estabelece as possibilidades e as limitações dos sujeitos que são enunciadas, especificando os direitos, os deveres e as proibições na forma de lei. A lei, ao funcionar como um texto, carrega a marca da incompletude que é constitutiva da linguagem e do sujeito. Assim, antes de transcrever os recortes do *corpus* retido para analisar os efeitos de sentidos produzidos pelos discursos feitos sobre o sujeito deficiente, detenho-me na caracterização do texto da lei.

O conceito jurídico refere-se à lei como uma "regra jurídica escrita, instituída pelo legislador, no cumprimento de um mandato que lhe é outorgado pelo povo". Lei, conforme P. de Silva (2003), é um preceito escrito formulado pela autoridade constituída em função de um poder delegado pela soberania popular que se constitui em "norma geral obrigatória, instituída e imposta coercitivamente à obediência geral" (pp. 826-827). Ela institui a ordem jurídica e nela se assenta o conjunto de regras obrigatórias, formuladas para a proteção de todos os interesses e para a normatização de conduta de todas as ações. Caracteriza-se pela generalidade e obrigatoriedade, isto é, a lei se estabelece para todos e a sua não observância é penalizada.

A lei acompanha o desenvolvimento das relações entre os membros da sociedade. Nela reside uma dimensão do processo de luta social protagonizada pelos segmentos organizados da sociedade de modo que nela possam inscrever-se (Cury 2005). Diz esse autor que o fato de estar na lei não é garantia de cumprimento pelo Estado; entretanto, para que um direito possa ser assegurado, é necessário que ele esteja inscrito na lei. Do ponto de vista da análise de discurso, a lei é um gênero discursivo (Gregolin 2005) do tipo autoritário (Orlandi 2003), que se caracteriza por uma relação impositiva entre o enunciador e o enunciatário.

A condição para que uma norma jurídica seja válida é que ela seja originada em uma autoridade com poder para criá-la. O legislador é investido pela "norma fundamental" do poder legítimo para criar a lei. A norma fundamental é "um pressuposto do ordenamento: ela, num sistema normativo, exerce a mesma função que os postulados num sistema científico". Os postulados "são aquelas posições primitivas das quais se deduzem outras, mas que, por sua vez, não são deduzíveis. Os postulados são colocados por convenção ou por uma pretensa evidência destes (...)" (Bobbio 1995, p. 62).

Norma significa a "imposição de obrigações (imperativo, comando, prescrição etc.)". As normas constitucionais derivam do poder normativo que é o "poder constituinte". O poder constituinte é o poder último, o poder supremo. O poder constituinte está autorizado, pela norma fundamental, a estabelecer as normas às quais a coletividade é obrigada a obedecer. A obediência não deve ser interpretada no sentido de que devemos nos submeter à violência, mas no sentido de que a nossa submissão seja àqueles que detêm o poder de coagir. Os detentores do poder coercitivo são os possuidores da força necessária para fazer respeitar as normas que deles emanam. Isso significa que a força é um instrumento necessário para o exercício do poder. "A força é necessária para exercer o poder, mas não para justificá-lo." A legitimação da palavra da lei, do estado de direito, é assegurada pela força como um instrumento para a realização do direito.

48 Papirus Editora

Assim, "o objetivo de todo legislador não é organizar a força, mas organizar a sociedade mediante a força" (*idem*, pp. 58, 66 e 70).

Uma norma representa uma possibilidade que é proposta para organizar um estado diverso de coisas, para reabsorver uma diferença, para resolver um impasse. Ser uma proposta não significa ser uma imposição. Diferentemente de uma lei, uma norma não determina um efeito. Uma norma pura e simples não tem, em si, nenhum sentido de regulação. Ela compara a realidade a valores simbólicos instituídos pela sociedade e discrimina as qualidades conforme a positividade/negatividade das coisas. A norma se constitui como referência reguladora dos processos quando é "instituída ou acolhida como expressão de preferência e como instrumento de uma vontade de substituir um estado de coisas insatisfatório por um estado de coisas satisfatório" (Canguilhem 2006, p. 202).

A escrituração da lei é constituída de sequências discursivas estratificadas em títulos, capítulos, seção, artigos, parágrafos, incisos, alíneas. Sob os títulos formam-se totalidades integradas por um assunto específico. A lei é escrita na terceira pessoa do singular. Tem aparência, para Oliveira Fávero (2001), de um texto neutro e com a finalidade de promover a ordem e o desenvolvimento. Ela se constitui em "um preceito jurídico escrito, emanado do poder competente, com caráter de generalidade e obrigatoriedade" (França 1977, p. 445).

O texto da lei é "como um discurso que se sustenta em uma modalidade de existência *virtual* dos fatos legislados que, entretanto, (com)forma (dá forma conforme a norma) aos acontecimentos" (Zoppi-Fontana 2005, pp. 93-94). Por modalidade virtual a autora considera não só "a *possibilidade-de-existência concreta* do fato que a lei sanciona, mas, sobretudo, no sentido de *já-existência formal* do fato na lei, isto é, como modalidade de existência do fato jurídico (...) (*ibidem*)". O funcionamento discursivo da dogmática jurídica – do conjunto das leis vigentes – no país pode ser descrito como uma "prática de escritura doutrinal organizada como simulacro[1] de uma

---

1. "Processo de transferência de um sentido construído em um determinado discurso (que lhe sustenta historicamente, socialmente e ideologicamente) para outro discurso que tem outra sustentação histórica, social e ideológica e que, portanto, vai interpretar esse 'sentido transferido' de uma maneira própria, certamente diferente" (Zoppi-Fontana 2005, p. 111).

ordem lógica, racional e universal que presidiria a interpretação dos fatos sancionados pela lei". Dessa forma, o funcionamento da lei interpreta e produz os fatos sociais sobre os quais se aplica. Acrescenta a autora que

> (...) consideramos o funcionamento dos textos legais como materialização de um gesto de interpretação normativo que se projeta sobre os fatos sob a forma da modalidade lógico-formal, o que permite recobrir/ sobredeterminar o real histórico com uma escrita de feições atemporais na qual estão contidas/previstas todas as temporalidades factuais: acontecimentos passados, presentes e futuros, todos se constituem enquanto "fatos jurídicos" por efeito dessa escrita "eterna enquanto dure", i.é., até um novo fato de escrita que resolva em contrário (...). (*Idem*, pp. 94-95)

Recortes

Os recortes compõem-se de sequências textuais organizadas diacronicamente conforme a criação das leis e são precedidos pela indicação da lei, pela data de promulgação, pelo artigo, pelo parágrafo e pelo inciso no sentido de vinculá-los às formas e às condições de produção da cada um. O primeiro recorte discursivo compreende sequências discursivas extraídas do *corpus* da legislação constitucional que abrange as Constituições de 1824, 1891, 1934 e 1937, quando o sujeito deficiente não é ainda capturado pelo enunciado da lei. O segundo recorte compreende sequências discursivas em cujos enunciados está nomeado o sujeito deficiente. Compreende as Constituições de 1946, 1967, 1969 e 1988, as Leis de Diretrizes e Bases da Educação Nacional de 1961 e 1996, e a Lei de Diretrizes e Bases para o Ensino de 1º e 2º Graus de 1971.

Primeiro recorte:

50   Papirus Editora

CONSTITUIÇÃO POLÍTICA DO IMPÉRIO DO BRASIL – 1824

Art. 6º. São cidadãos brasileiros:

I. Os que no Brasil tiverem nascido, quer sejam ingênuos ou libertos, ainda que o pai seja estrangeiro, uma vez que este não resida por serviço de sua nação.

Art. 8º. Suspende-se o exercício dos Direitos Políticos

VI. Por incapacidade física ou moral.

Art. 179. A inviolabilidade dos Direitos Civis e Políticos dos cidadãos brasileiros (...).

XIII. A lei será igual para todos (...).

XXXII. A instrução primária é gratuita a todos os cidadãos.

XXXIII. Colégios e universidades onde serão ensinados os elementos das Ciências, Belas Letras e Artes.

CONSTITUIÇÃO DA REPÚBLICA DOS ESTADOS UNIDOS DO BRASIL – 1891

Art. 70. São eleitores os cidadãos maiores de 21 anos que se alistarem na forma da lei.

§ 1º – Não podem alistar-se eleitores para as eleições federais ou para a dos Estados:

1º Os mendigos;

2º Os analfabetos; (...).

Art. 72. A Constituição assegura (...):

§ 2º – Todos são iguais perante a lei (...)

CONSTITUIÇÃO DA REPÚBLICA DOS ESTADOS UNIDOS DO BRASIL – 1934

Art. 113. A Constituição assegura (...):

1) Todos são iguais perante a lei (...)

Art. 149. A educação é direito de todos e deve ser ministrada pela família e pelos poderes públicos, cumprindo a estes proporcioná-la a brasileiros e estrangeiros domiciliados no país, de modo que possibilite eficientes fatores da vida moral e econômica da Nação, e desenvolva num espírito brasileiro a consciência da solidariedade humana.

Art. 150. Compete à União:

(...)

O deficiente no discurso da legislação 51

e) exercer ação supletiva, onde se faça necessária por deficiência de iniciativa ou de recursos e estimular a obra educativa em todo o País, por meio de estudos, inquéritos, demonstrações e subvenções.

Parágrafo único. O Plano Nacional de Educação constante (...) obedecerá às seguintes normas:

a) ensino primário integral gratuito e de frequência obrigatória extensivo aos adultos.

(...)

e) limitação da matrícula à capacidade didática do estabelecimento e seleção por meio de provas de inteligência e aproveitamento ou por processos objetivos apropriados à finalidade do curso.

CONSTITUIÇÃO DOS ESTADOS UNIDOS DO BRASIL – 1937

Art. 122. A Constituição assegura (...):

1) Todos são iguais perante a lei.

Art. 125. A educação da prole é o primeiro dever e o direito natural dos pais. O Estado não será estranho a esse dever, colaborando, de maneira principal ou subsidiária, para facilitar a sua execução de suprir as deficiências e lacunas da educação particular.

Art. 129. À infância e à juventude, a que faltarem os recursos necessários à educação em instituições particulares, é dever da Nação, dos Estados e dos Municípios assegurar, pela fundação de instituições públicas de ensino em todos os seus graus, a possibilidade de receber uma educação adequada às suas faculdades, aptidões e tendências vocacionais.

Art. 130. O ensino primário é obrigatório e gratuito. A gratuidade, porém, não exclui o dever de solidariedade dos menos para com os mais necessitados; assim, por ocasião da matrícula será exigido aos que não alegarem, ou notoriamente não puderem alegar escassez de recursos, uma contribuição módica e mensal para a caixa escolar.

Segundo recorte:

CONSTITUIÇÃO DOS ESTADOS UNIDOS DO BRASIL – 1946

Art. 141. A Constituição assegura (...):

§ 1º – Todos são iguais perante a lei.

Art. 166. A educação é direito de todos e será dada no lar e na escola. Deve inspirar-se nos princípios de liberdade e nos ideais de solidariedade humana.

Art. 168. A legislação do ensino adotará os seguintes princípios:

I. O ensino primário é obrigatório e só será dado em língua nacional;

II. O ensino primário oficial é gratuito para todos (...).

Art. 172. Cada sistema de ensino terá obrigatoriamente serviços de assistência educacional que assegurem aos alunos necessitados condições de eficiência escolar.

LEI DE DIRETRIZES E BASES DA EDUCAÇÃO NACIONAL – Lei n. 4.024/61

Art. 88. A educação de excepcionais deve, no que for possível, enquadrar-se no sistema geral de educação, a fim de integrá-los na comunidade.

Art. 89. Toda iniciativa privada considerada eficiente pelos Conselhos Estaduais de Educação, e relativa à educação de excepcionais, receberá dos poderes públicos tratamento especial mediante bolsas de estudo, empréstimos e subvenções.

CONSTITUIÇÃO DA REPÚBLICA FEDERATIVA DO BRASIL – 1967

Art. 150. A Constituição assegura (...):

§ 1º – Todos são iguais perante a lei (...).

Art. 167. A família é constituída pelo casamento e terá direito à proteção dos Poderes Públicos.

§ 4º – A lei instituirá a assistência à maternidade, à infância e à adolescência.

Art. 169. Os Estados e o Distrito Federal organizarão os seus sistemas de ensino, e, a União, os dos Territórios, assim como o sistema federal, o qual terá caráter supletivo e se estenderá a todo o País, nos estritos limites das deficiências locais.

O deficiente no discurso da legislação 53

§ 2º – Cada sistema de ensino terá, obrigatoriamente, serviços de assistência educacional que assegurem aos alunos necessitados condições de eficiência escolar.

CONSTITUIÇÃO DA REPÚBLICA FEDERATIVA DO BRASIL – 1969

Art.153. A Constituição assegura (...):

§ 1º – Todos são iguais perante a lei (...).

Art. 175. A família é constituída pelo casamento e terá direito à proteção dos Poderes Públicos.

§ 4º – Lei especial disporá sobre a assistência à maternidade, à infância e à adolescência e sobre a educação de excepcionais.

Art. 176. A educação inspirada no princípio da unidade nacional, e nos ideais de liberdade e solidariedade humana é direito de todos e dever do Estado, e será dada no lar e na escola.

§ 3º – A legislação do ensino adotará os seguintes princípios e normas:

II. O ensino primário é obrigatório para todos, dos sete aos quatorze anos, e gratuito nos estabelecimentos oficiais;

Art. 177. Os Estados e o Distrito Federal organizarão seus sistemas de ensino, e a União, os dos Territórios, assim como o sistema federal que terá caráter supletivo e se estenderá a todo o País, nos estritos limites das deficiências locais.

§ 2º – Cada sistema de ensino terá, obrigatoriamente, serviços de assistência educacional, que assegurem aos alunos necessitados condições de eficiência escolar.

LEI DE DIRETRIZES E BASES PARA O ENSINO DE 1º E 2º GRAUS – Lei n. 5.692/71

Art. 9º. Os alunos que apresentem deficiências físicas ou mentais, os que se encontrem em atraso considerável quanto à idade regular de matrícula e os superdotados deverão receber tratamento especial, de acordo com as normas fixadas pelos componentes Conselhos Estaduais.

(Não revoga os Art. 88 e 89 da Lei n. 4.024/61.)

CONSTITUIÇÃO DA REPÚBLICA FEDERATIVA DO BRASIL – 1988

Art. 5º. Todos são iguais perante a lei (...).

Art. 203. A assistência social será prestada a quem dela necessitar, independentemente da contribuição à seguridade social, e tem por objetivos:

V. A garantia de um salário mínimo de benefício mensal à pessoa portadora de deficiência e ao idoso que comprovem não possuir meios de prover à própria manutenção ou de tê-la provida por sua família, conforme dispuser a lei.

Art. 208. O dever do Estado com a educação será efetivado mediante a garantia de:

III. Atendimento educacional especializado aos portadores de deficiência, preferencialmente na rede regular de ensino;

Art. 227. É dever da família, da sociedade e do Estado assegurar à criança e ao adolescente, com absoluta prioridade, o direito à vida, à saúde, à alimentação, à educação, ao lazer e à profissionalização, à cultura, à dignidade, ao respeito, à liberdade e à convivência familiar e comunitária, além de colocá-los a salvo de toda forma de negligência, discriminação, exploração, violência, crueldade e opressão.

§ 1º – O Estado promoverá programas de assistência integral à saúde da criança e do adolescente, admitida a participação de entidades não governamentais e obedecendo aos seguintes preceitos:

II. Criação de programas de prevenção e atendimento especializado para portadores de deficiência física, sensorial ou mental, bem como de integração social do adolescente portador de deficiência, mediante o treinamento para o trabalho e a convivência, e a facilitação do acesso aos bens e serviços coletivos, com a eliminação de preconceitos e obstáculos arquitetônicos.

LEI DE DIRETRIZES E BASES DA EDUCAÇÃO NACIONAL – Lei n. 9.394/96

Art. 4º. O dever do Estado com a educação escolar pública será efetivado mediante a garantia de:

III. Atendimento educacional especializado gratuito aos educandos com necessidades especiais, preferencialmente na rede regular de ensino;

Art. 58. Entende-se por educação especial, para efeitos desta Lei, a modalidade de educação escolar, oferecida preferencialmente na rede regular de ensino, para educandos portadores de necessidades especiais.

O deficiente no discurso da legislação 55

§ 1º – Haverá, quando necessário, serviços de apoio especializado, na escola regular, para atender às peculiaridades da clientela de educação especial.

§ 2º – O atendimento educacional será feito em classes, escolas ou serviços especializados, sempre que, em função das condições específicas dos alunos, não for possível a sua integração nas classes comuns de ensino regular.

§ 3º – A oferta de educação especial, dever constitucional do Estado, tem início na faixa etária de zero a seis anos, durante a educação infantil.

Art. 59. Os sistemas de ensino assegurarão aos educandos com necessidades especiais:

I. Currículos, métodos, técnicas, recursos educativos e organização, específicos para atender às suas necessidades;

II. Terminalidade específica para aqueles que não puderem atingir o nível exigido para a conclusão do ensino fundamental, em virtude das suas deficiências, e aceleração para concluir em menor tempo o programa escolar para superdotados;

III. Professores com especialização adequada em nível médio ou superior, para o atendimento especializado, bem como professores do ensino regular capacitados para a integração desses educandos nas classes comuns;

IV. A educação especial para o trabalho, visando à sua efetiva integração na vida em sociedade, inclusive condições adequadas para os que não revelarem capacidade de inserção no trabalho competitivo, mediante articulação com os órgãos oficiais afins, bem como para aqueles que apresentam uma habilidade superior nas áreas artística, intelectual ou psicomotora;

Art. 60. Os órgãos normativos dos sistemas de ensino estabelecerão critérios de caracterização das instituições privadas sem fins lucrativos, especializadas e com atuação exclusiva em educação especial, para fins de apoio técnico e financeiro pelo Poder Público.

Parágrafo único. O Poder Público adotará, como alternativa preferencial, a ampliação do atendimento aos educandos com necessidades especiais na própria rede pública regular de ensino, independentemente do apoio às instituições previstas neste artigo.

Esse *corpus*, que é parte de um processo discursivo mais amplo da legislação, foi constituído conforme o foco de interesse do estudo e o recorte teórico. Gestos de interpretação desse *corpus*, que já vêm sendo realizados, são continuados no capítulo seguinte, que aborda os efeitos de sentido no discurso da legislação sobre o sujeito deficiente.

3
A CONSTITUIÇÃO DA ÁREA ESPECÍFICA

Neste capítulo, em atenção a um requisito da teoria discursiva, o de localizar o texto analisado, busco reunir informações para situar o enfoque discursivo produzido sobre o sujeito deficiente, de acordo com o critério histórico, identificando a origem e as condições em que os textos foram produzidos. Pretendo com essa revisão/(re)construção histórica, que já é um processo de interpretação, criar as condições para o processo de análise do *corpus* discursivo. Apoio-me nos estudos de diversos autores, com maior ênfase em Jannuzzi (2004), Ghiraldelli Jr. (2003) e Mazzotta (1999).

Discursos da legislação

O desenvolvimento e o comportamento humano anormais foram explicados ao longo da Antiguidade com base na crença da existência de espíritos benignos e malignos. A atitude cristã primitiva em relação à conduta anormal não era coerente. Alguns sintomas psicóticos eram considerados possessões demoníacas, enquanto algumas manifestações maníacas eram atribuídas à obra divina. Ao final da Idade Média, as atitudes em relação ao anormal eram ainda mais incoerentes. Enquanto alguns anormais recebiam algum tipo de tratamento, muitos outros eram identificados como bruxos e bruxas e levados às fogueiras. Assim, o anormal passou a ser temido. Esses temores, associados aos terrores da Santa Inquisição, levaram as famílias a abandonar os membros anormais à sua própria sorte. Até o Renascimento, a anormalidade reduzia-se a uma questão biológica para a medicina e a uma questão moral para a Justiça.

As explicações sobrenaturais acerca da anormalidade começaram a ser revisadas durante o Renascimento. O tratamento dispensado aos anormais passou a defender o uso da medicina e a rejeitar o exorcismo. No alvorecer da modernidade iluminista, o médico Pinel retirou os grilhões que mantinham amarrados os internos do Hospice des Bicêtre, em Paris. A ciência moderna começou a produzir um corpo de conhecimentos sobre a natureza, a sociedade e o desenvolvimento e o comportamento humanos que possibilitou a instauração de um processo de ressignificação da relação com o anormal. A psiquiatria, que por longo tempo apoiara-se nos preceitos religiosos do binômio pecado-culpa como vetor da sua ação no entendimento da anormalidade, evoluiu na direção de configurá-la como quadro psicopatológico. A distinção evolutiva entre doença e deficiência, constituindo quadros nosológicos diferenciados, possibilitou a intervenção de profissionais de diferentes áreas de formação e em diferentes lugares de atendimento, como hospitais e escolas. Isso tornou possível o surgimento da educação e da escola especial (Telford e Sawrey 1978).

Ao final do século XIX, havia uma ampla nomenclatura usada para se referir ao anormal. Tiago Würth, presente no Congresso das Nações Unidas, em Genebra, no ano de 1939, diz que, até aquele momento, a denominação corrente para designar toda e qualquer diferença entre os sujeitos era a expressão "anormal" – "tudo que no caso era diferente, excepcional, [denominava-se] de anormal" (1975, p. 27). Os participantes do congresso, conta o autor, decidiram que, dali para frente, seria adotada a expressão "excepcional". Outros nomes foram posteriormente criados: portador de deficiência, pessoa com deficiência e, mais recentemente, pessoa portadora de necessidades especiais, pessoas portadoras de necessidades educacionais especiais. No mesmo congresso, foi deliberado que se denominasse ortopedagogia às ações da pedagogia, e que ortofreniatria fosse a palavra usada para se referir às ações da medicina com os excepcionais (Würth 1975).

Novos nomes foram adotados para designar o sujeito deficiente e novas denominações foram dadas aos procedimentos educacionais realizados com ele. Assim, pedagogia de anormais, pedagogia teratológica, pedagogia curativa ou terapêutica, pedagogia da assistência social, pedagogia emendativa e educação especial foram/são nomes de práticas educacionais implementadas com os sujeitos deficientes.

Ao longo da história da sociedade brasileira, a educação foi objeto de atenção e preocupação apenas nos momentos em que dela necessitaram as classes dominantes. Quando a educação se tornou um requisito importante para a ação de ideologização e produção de mão de obra mais qualificada, a elite brasileira, que buscava na Europa a educação de seus filhos, ampliou as oportunidades escolares no sentido de instrumentalizar a população por meio do processo educativo. A educação foi sendo dada à medida que se tornava necessária para a subsistência do sistema dominante. Ela só se configurou como direito a partir da organização de movimentos populares reivindicatórios.

Assim como a educação geral, a educação do sujeito deficiente seguiu o modelo de organização e reprodução da sociedade. A sociedade brasileira, caracterizada como sociedade rural até início do século XX, manteve-se silenciosa em relação à presença e à educação do sujeito deficiente. Enquanto era conveniente e possível, o sujeito deficiente era segregado do convívio familiar e social. À medida que a organização escolar primária se ampliava, foram também tomadas algumas iniciativas para o atendimento escolar do sujeito deficiente. A demanda pela alfabetização e pela qualificação para o processo de produção incluía a educação do sujeito deficiente. Esse processo se deu "em função da economia dos cofres públicos e dos bolsos dos particulares, pois assim se evitariam manicômios, asilos e penitenciárias, tendo em vista que essas pessoas seriam incorporadas ao trabalho" (Jannuzzi 2004, p. 53).

A escola, ao fazer o atendimento especializado, realizava-o mediante a seleção dos indivíduos que, em decorrência de comportamentos diferentes em relação àqueles estabelecidos como normais no conjunto de valores que a sociedade estabelece num determinado momento histórico, constituem o sujeito deficiente. O sujeito deficiente, produzido desse modo, resulta da conveniência e da necessidade do segmento dominante da sociedade.

Brasil Colônia

A educação escolar no período político do Brasil Colônia passou por três fases: a educação realizada pelos jesuítas, a das reformas pombalinas e aquela trazida por D. João VI. Os jesuítas começaram, em 1549, com a catequização dos indígenas e a criação das escolas de ordenação. Fundaram vários colégios destinados à formação de religiosos que, em razão de serem as únicas escolas existentes, serviram de opção para os filhos dos grupos dirigentes e emergentes. Com a expulsão da Companhia de Jesus em 1759, Pombal deu início a uma série de reformas educacionais, visando adaptar Portugal e suas colônias às ideias modernas: o Iluminismo. Assim, o Estado português e o Brasil Colônia assumiram a educação a partir de 1759, sem a ocorrência de mudanças efetivas. O ensino no Brasil se modificou mais profundamente com a vinda da família real, entre 1808 e 1821. A chegada do rei transformou a Colônia em sede do reino português, fato que determinou a tomada de várias medidas que visavam criar, no ensino profissionalizante e no ensino militar, as condições de suporte à corte imperial (Ghiraldelli Jr. 2003).

Brasil Império

O primeiro texto constitucional brasileiro, a Constituição Política do Império do Brasil, de 1824, foi outorgado pelo imperador D. Pedro I em meio a uma séria crise econômica e política que assolava o país. Os movimentos pela independência, os gastos para a sustentação da nobreza perdulária, somados à penúria das províncias, à miséria dos agricultores, dos artesãos e dos pequenos senhores de ofícios, exauriram as finanças da nação. A deterioração do poder econômico e político que sustentou o regime colonial proporcionou a composição de uma corrente política nacionalista e anticolonialista que professava um ideário liberal (Cury; Horta e Fávero 2001).

Os liberais brasileiros reunidos no Partido Liberal Brasileiro, apoiados pelo movimento constitucionalista europeu, defendiam o constitucionalismo. O Partido Liberal formava um mosaico de ideias filoliberais que reclamava por legislação, forma de governo e costumes que afirmassem a nação brasileira; opunha-se ao Partido Português ou Realista, integrado por burocratas, militares, comerciantes e prepostos do absolutismo que, por razão de ofício, defendiam o antigo regime colonial. Diante desse quadro desafiador, no segundo ano da Independência, o imperador convocou uma Assembleia Constituinte.

A Assembleia Constituinte de 1823 foi formada, na sua maioria, por bacharéis em direito e clérigos formados na Europa. Eles compuseram uma elite parlamentar que, durante seis meses, professou suas convicções em discursos prolixos e carregados de arroubos jurídicos e políticos. A falta de unidade em torno de um programa político levou os parlamentares reunidos no Partido Liberal à formulação de propostas inexequíveis em face da realidade do país. A Comissão de Instrução Pública não formulou diretrizes para a educação pública, conseguindo apenas propor a realização de um concurso entre os intelectuais para a elaboração de um tratado para a educação da mocidade. O texto produzido pela Constituinte, até o momento da sua dissolução, reproduzia os diferentes modelos praticados na Inglaterra, na França, na Espanha e nos Estados Unidos. A dissolução da Assembleia Constituinte foi uma vitória dos realistas e produziu uma cisão profunda entre os liberais (Chizzotti 2001).

Dissolvida a Assembleia Constituinte, o imperador nomeou uma comissão especial, um Conselho de Estado, composto por dez membros, todos nobres e detentores de títulos imperiais, com a finalidade de redigir um projeto de Constituição com base nas sugestões que ele apresentava. No dia 25 de março de 1824, uma carta de lei mandava executar a Constituição do Império do Brasil. Nos artigos 6º e 8º a Constituição Imperial estabelece quem são os cidadãos brasileiros e quando são suspensos os direitos políticos desses cidadãos:

Art. 6º. São cidadãos brasileiros: I. Os que no Brasil tiverem nascido, quer sejam ingênuos ou libertos ainda que o pai seja estrangeiro, uma vez que este não resida por serviço de sua Nação; Art. 8º. Suspende-se o exercício dos Direitos Políticos: I. Por incapacidade física ou moral.

A Constituição outorgada fixou, no artigo 179, dois incisos determinando que o Império deveria possuir escolas primárias, ginásios e universidades e ainda garantir a gratuidade da instrução primária: "XXXII. A instrução primária é gratuita a todos os cidadãos; XXXIII. Colégios e universidades onde serão ensinados os elementos das Ciências, Belas Letras e Artes". A instrução primária, proclamada na Assembleia Constituinte de 1823 como um direito civil e político para o cidadão, era implementada no limite das necessidades das classes dominantes. Assim, mesmo que a Constituição prometesse que "a instrução primária é gratuita para todos", esse dispositivo não foi cumprido, e a educação primária continuou no abandono.

Com relação à educação do sujeito deficiente, apesar de estabelecer instrução primária gratuita para todos os cidadãos, a Constituição Política do Império suspendia o exercício dos direitos políticos por incapacidade física ou moral, conforme o artigo 8º, item I. Ao mesmo tempo em que criou uma proteção jurídica à sociedade, alijou o sujeito deficiente da participação política, porque o conceito de anormalidade levava em consideração o defeito físico, e a deterioração psíquica e intelectual, como um fato moral. O atendimento[1] ao deficiente começou, provavelmente, por iniciativa das Câmaras Municipais e/ou por confrarias particulares. As santas casas de misericórdia, surgidas a partir de 1543, em várias províncias, atendiam pobres e doentes. O abandono de crianças nas "rodas de expostos", a partir de 1726, pode ter facilitado o ingresso de crianças com deficiência nas instituições de caridade. A Irmandade de Santa Ana, fundada em 1730, em Vila Rica, asilava crianças órfãs e abandonadas. Entre essas crianças, é de esperar que houvesse deficientes (Jannuzzi 2004).

---

1. Atendimento: termo próprio da área médica, empregado para designar a ação do médico. Foi incorporado à educação especial, mantendo o sentido original e referindo-se também à educação do sujeito deficiente.

A lei imperial de 1827 estabeleceu a criação de escolas de primeiras letras em todas as cidades, vilas e lugares populosos, mas isso não foi implementado. Foi adotado o método lancasteriano[2] de ensino para suprir a insuficiência de professores, de escolas e de estrutura da educação. O Ato Adicional de 1834 mantinha a garantia de gratuidade da instrução primária para todos, mas remetia o encargo com a educação para as províncias. Essa descentralização de responsabilidade para as províncias, que, naquele momento, não possuíam as mínimas condições para viabilizar a educação, sinalizava o desinteresse da elite dominante para com a educação popular. O ensino era mais dirigido aos jovens do que às crianças; além disso, não existia uma política que integrasse as ações de ensino do poder central com as províncias (Sucupira 2001).

A relativa estabilização do poder imperial, durante a metade do século XIX, associada à melhoria econômica e às ideias trazidas da Europa pela elite que lá ia estudar, favoreceu realizações na área educacional. Entre estas, a criação da Inspetoria Geral da Instrução Primária e Secundária – que tinha por finalidade orientar o ensino público e privado, criar regras para a formação de professores primários e reformular os estatutos dos colégios – e a fundação da Academia de Belas Artes, da Aula de Comércio da Corte e do Colégio Pedro II, em 1838, que se destinava a ser um modelo de ensino para o país.

Em 1835, foi apresentado pelo deputado Cornélio França um projeto, não aprovado, para a criação do cargo de professor de primeiras letras para o ensino de surdos-mudos. Ademais, algumas províncias, em meados do século XIX, trouxeram religiosos da Europa para que essas mesmas crianças recebessem alguma educação (Jannuzzi 2004). A incipiente educação do deficiente, no período de regime imperial, apareceu na esteira do pensamento liberal do final do século XVIII e no início do século XIX. O liberalismo combateu o poder autocrático, a interferência do Estado na economia, criticou o dogmatismo e defendeu a liberdade de expressão e a propriedade privada.

---

2. Método Lancaster: exercício do ensino pela ajuda mútua entre os alunos. Os menos "adiantados" eram monitorados pelos mais "adiantados", e estes eram supervisionados por um inspetor.

O deficiente no discurso da legislação 63

O compromisso com essas ideias, refletidas na educação, mantinha-se até um limite que não prejudicasse os interesses que defendia, pois a elite liberal aceitava a mão de obra escrava.

A educação do deficiente, no Império do Brasil, foi influenciada pelo ideário iluminista francês a partir da experiência de Itard, em 1800, que, baseado na metodologia sensualista de Condillac, trabalhou na educação de Victor, o selvagem de Aveyron; ainda pelo trabalho de Séguin, a partir de 1840, com deficientes mentais no Hospício dos Incuráveis de Bicêtre. Também a educação de surdos e cegos teria vindo da França, país com o qual os intelectuais brasileiros mantinham contato mais frequente. A influência de pessoas próximas ao imperador permitiu que fossem criadas instituições destinadas ao atendimento do deficiente. O Imperial Instituto dos Meninos Cegos,[3] criado pelo decreto n. 1.428, de 12 de setembro de 1854, tem sua criação ligada a José Álvares de Azevedo. Azevedo era cego e estudou na França. Traduziu e publicou um livro que interessou a José Francisco Xavier Sigaud, pai de uma menina cega e também médico do Imperador (Jannuzzi 2004).

A criação do Imperial Instituto dos Surdos-Mudos,[4] conforme a lei n. 839, de 26 de setembro de 1857, além da influência do contexto, também contou com a ação de pessoas próximas ao poder. Edouard Hüet, educador surdo, chegou ao Brasil recomendado pelo ministro da Instrução Pública da França e apoiado pelo embaixador francês no Brasil, Monsieur Saint George. Foi apresentado ao imperador pelo Marquês de Abrantes, destacado vulto político. O imperador encarregou Hüet de organizar o ensino de surdos, e Abrantes coordenou a fundação da instituição. Então, em 1883, no I Congresso de Instrução Pública, convocado pelo imperador, a educação do deficiente esteve na pauta: foi discutida a formação de professores para cegos e surdos.

---

3. O Imperial Instituto dos Meninos Cegos, em 17 de maio de 1890, passou a chamar-se Instituto Nacional dos Cegos e, em 24 de janeiro de 1891, seu nome mudou para Instituto Benjamin Constant (IBC).

4. O Imperial Instituto dos Surdos-Mudos, em 6 de julho de 1957, teve sua denominação modificada para Instituto Nacional de Educação de Surdos (Ines).

A sociedade e a economia brasileira da época eram apoiadas no setor rural e pouco urbanizadas. Assim, a pequena exigência de mão de obra especializada tornava pouco visível o sujeito deficiente, porque quase todos podiam executar alguma atividade na sociedade primitivamente aparelhada. A população era iletrada na sua maioria, as escolas eram escassas e frequentadas pelos filhos das camadas sociais alta e média. Assim, "a escola não funcionou como crivo, como elemento de patenteação de deficiências" (Jannuzzi 2004, p. 16), só as crianças mais lesadas eram recolhidas em asilos. Além disso, havia pouca diferença na maneira de conceber o mundo que a escola ensinava e na que a família conhecia.

No fim do Império, o ensino primário destinado à população continuava precário; em parte porque não havia pressão popular organizada e também porque a elite realizava o ensino domiciliar com a contratação de preceptores. Num Estado patrimonialista, dominado pelas oligarquias, não havia sensibilização pela universalização da educação. O ensino secundário preparatório ao ensino superior e o próprio ensino superior receberam maior atenção do Estado, porque interessavam às camadas sociais mais altas como burilamento da vida na corte. A educação da população não era necessária para o suprimento de mão de obra à sociedade, que era compulsoriamente escrava. Também não era necessário empregá-la como instrumento de ideologização, pois esta estava assegurada pela censura e pela repressão. Pouco se pode falar sobre o sujeito deficiente, porque ele sequer existia discursivamente. Mas, provavelmente, ele estava no meio dos asilados, talvez despercebido entre os que realizavam tarefas simples nas grandes propriedades rurais; estaria, nos termos da lei, entre aqueles que a Constituição nomeava como "cidadãos brasileiros".

Brasil República

O Império não logrou sobreviver ao modo de vida que se instalava no país no final do século XIX. A expansão da lavoura cafeeira, coincidindo com o fim do regime escravocrata e com a adoção do trabalho assalariado, a remodelação da infraestrutura de comunicação, portos, ferrovias e a absorção de ideias democráticas vindas de outros países, proporcionaram as condições para o golpe que criou a República. A constitucionalização do país era necessária para demarcar o regime republicano e também uma exigência dos governos estrangeiros, dos partidos e dos movimentos políticos internos que o apoiavam. O Governo Provisório que assumiu o poder em 15 de novembro de 1889 criou uma comissão para elaborar um projeto de Constituição e marcou para o ano seguinte a eleição dos membros constituintes. O projeto elaborado recebeu algumas modificações e foi publicado como a Constituição dos Estados Unidos do Brasil. Outorgada como provisória, a Constituição em vigor determinava não mais uma Assembleia Constituinte, e sim um Congresso Constituinte.

O Congresso Constituinte que assumiu em 15 de novembro de 1890 era composto por médicos, engenheiros, militares e advogados. Em sua maioria, eles defendiam ideias próprias do liberalismo. Positivistas defendiam propostas para o campo social. Alguns progressistas se posicionavam como liberais-democratas ou como defensores de maior participação do Estado na área social. A educação no Congresso Constituinte foi por várias vezes tematizada, sem, no entanto, haver um debate efetivo em torno dela. No ímpeto de um Estado federativo e não interventor, a educação escolar primária continuava sendo de responsabilidade dos Estados federados e custeada por estes, pois a Constituição Republicana não reinscreveu o princípio da gratuidade constante da Carta Imperial. Na Constituição da República dos Estados Unidos do Brasil, promulgada em 24 de fevereiro de 1891, a educação apareceu entre as incumbências do Congresso Nacional.

> Art. 34. Compete privativamente ao Congresso Nacional:
> 30 – Legislar sobre a organização municipal do Distrito Federal, bem como sobre a polícia, o ensino superior e os demais serviços que na Capital forem reservados para o governo da União.
> Art. 35. Incumbe, outrossim, ao Congresso, mas não privativamente:
> 2 – Animar no País o desenvolvimento das letras, das artes e ciências, bem como a imigração, a agricultura, a indústria e o comércio, sem privilégios que tolham a ação dos governos locais;
> 3 – Criar instituições de ensino superior e secundário nos Estados;
> 4 – Prover a instrução secundária no Distrito Federal.

Estabeleceu, no artigo 72, que trata dos direitos dos brasileiros e dos estrangeiros residentes no país, que

§ 2º – Todos são iguais perante a lei. A República não admite privilégios de nascimento, desconhece foros de nobreza e extingue as ordens honoríficas existentes e todas as suas prerrogativas e regalias, bem como os títulos nobiliárquicos e de conselho.

§ 6º – Será leigo o ensino ministrado nos estabelecimentos públicos.

§ 24 – É garantido o livre exercício de qualquer profissão moral, intelectual e industrial.

Tomando por base o conjunto dos artigos 34 e 35 da Constituição e o espírito liberal-federativo que presidiu sua elaboração, não fica explícita a assunção da educação pela República. A ênfase na defesa do federalismo e na autonomia dos Estados retirou da União o compromisso com a educação primária e com a gratuidade do ensino. Os artigos 34 e 35 permitem apenas presumir a manutenção de um ensino oficial no país. O artigo 72, ao determinar a laicização do ensino ministrado nos estabelecimentos públicos e a garantia da liberdade de profissão, abria espaço para o oferecimento do ensino por instituições privadas.

A Constituição Republicana avançou na defesa de direitos da sociedade. Mas "o silêncio constitucional sobre a desigualdade fazia da igualdade a lei do mais forte e a defesa da desigualdade fazia da igualdade uma tese discriminatória" (Cury 2001, p. 79). O liberalismo, que já estava presente no Império, encontrou, no alvorecer da República, as condições ideais para o seu desenvolvimento. Os estados ganharam autonomia para criar a sua legislação, organizar a sua administração e decidir sobre a aplicação de seus recursos. A prosperidade, a valorização da iniciativa privada, a possibilidade de enriquecimento mobilizaram a sociedade. A oferta de serviços públicos e privados ocorreu concomitantemente em vários segmentos do Estado, inclusive no setor de serviços sociais, como a educação.

A indústria, ainda incipiente, deu sinais de crescimento. A grande maioria dos operários envolvidos no processo de industrialização era composta de estrangeiros. Estes, vindos de países socialmente mais desenvolvidos, procuraram, por meio do movimento sindical, lutar por melhores condições de vida e pela emancipação social dos operários. A repressão ao movimento operário foi intensa. O governo federal atuou com medidas dispersas e de caráter pontual em relação à educação. Entre elas, a Reforma Benjamin Constant, dirigida ao ensino no Distrito Federal, e a criação do Ministério da Instrução, Correios e Telégrafos, em 1891, que foi extinto um ano depois. Em 1911 a Lei Rivadávia Correia desoficializou o ensino, dando total liberdade às instituições escolares e tornando a frequência facultativa. A Reforma Carlos Maximiniano, em 1915, reoficializou o ensino e regulamentou o acesso ao ensino superior. Já no final da Primeira República, a Reforma Rocha Vaz, em 1925, destinou-se a ordenar o ensino oferecido pela União e pelos Estados (Ghiraldelli Jr. 2003).

A educação do sujeito deficiente, até a metade do século XX, foi realizada por 65 instituições de ensino. Dessas instituições, 11 eram de ensino especializado para o atendimento de alunos deficientes e 54 eram escolas de ensino comum que atendiam também alunos deficientes. Entre as instituições, duas eram mantidas pelo governo federal, 52 por governos estaduais e 11 pertenciam à iniciativa privada (Mazzotta 1999). As primeiras produções teóricas sobre o sujeito deficiente foram realizadas por médicos. Daí, a vinculação histórica do sujeito deficiente com a área médica. O despertar dos médicos para o campo da educação pode ser interpretado como uma busca de "respostas ao desafio apresentado pelos casos mais graves, resistentes ao tratamento exclusivamente terapêutico" (Jannuzzi 2004, p. 31). Os médicos, nesses casos, executavam e indicavam/prescreviam o atendimento educacional a ser implementado pelo professor com o sujeito deficiente. Entre os mais lembrados, pela importância da contribuição à educação, estão os franceses Jean Itard (1774-1830) e Edouard Séguin (1812-1880), a italiana Maria Montessori (1870-1952) e o belga Ovide Decroly (1871-1932).

O primeiro médico a empregar um método sistematizado de ensino para um sujeito deficiente foi Itard. Esse fato foi possível porque, no seu entendimento, a metafísica, "ainda entravada pelas ideias inatas", e a medicina, limitada por "uma doutrina totalmente mecânica", não podiam elevar-se às considerações filosóficas das doenças do entendimento. Com essa posição, abranda-se o debate referente ao "domínio filosófico e mais especificamente epistemológico e aborda-se o problema prático da possibilidade de educação do selvagem em um campo inaugurado por Itard, chamado médico-pedagógico ou, para usar o termo mais corrente, de educação especial" (Banks-Leite e Souza 2000, pp. 57-58).

Itard (2000) reconheceu as características de idiotia encontradas por Pinel no menino selvagem, mas não concordou com o prognóstico de que, acometido por uma doença, até agora considerada incurável, ele não seria suscetível de alguma sociabilidade e alguma instrução. "Não compartilhei de forma alguma com essa opinião desfavorável; e, apesar da verdade do quadro e da exatidão das comparações, ousei conceber algumas esperanças" (Itard 2000, p. 132). Nos relatórios, Victor é referido como menino, aluno, rapaz, homem, selvagem, não havendo ali nenhuma menção à sua patologia. Séguin continuou o trabalho de seu mestre Itard empregando uma técnica "neurofisiológica, baseada na crença de que o sistema nervoso deficiente dos retardados podia ser reeducado pelo treinamento motor e sensorial" (Mazzotta 1999, p. 21). Ele valorizava a iniciativa e estimulava a participação do aluno, a relação escola-vida. Esses princípios foram retomados por Montessori e Decroly e seguidos por educadores da Escola Nova.

No Brasil, também a medicina esteve vinculada à educação do sujeito deficiente. A presença médica se efetivava na relação do médico atendendo o sujeito deficiente, na função de direção de serviços ligados a seu atendimento, no exercício da docência direta com ele e indireta na formação de novos profissionais. Os médicos produziram uma extensa bibliografia teórica sobre o sujeito deficiente, que ultrapassa o campo da medicina e avança sobre a pedagogia. Dessa bibliografia fazem parte a monografia "Da educação e tratamento médico-pedagógico dos idiotas", de autoria de Carlos Eiras, no Rio de Janeiro, em 1900, que reflete a atenção educacional ao sujeito deficiente mais prejudicado dentro de uma patologia global; o livro *A educação da infância anormal da inteligência no Brasil*, de Clementino Quaglio, em São Paulo, em 1915; e os livros *Tratamento e educação das crianças anormais da inteligência* e *A educação da infância anormal e das crianças mentalmente atrasadas na América Latina*, ambos de Basílio de Magalhães, no Rio de Janeiro, em 1915 (Jannuzzi 2004).

Débeis mentais na escola pública e higiene escolar e pedagogia é o título do texto de autoria do chefe do Serviço Médico-Escolar de São Paulo, o médico Vieira de Mello, em 1917. A publicação estipulava normas de funcionamento daquele serviço, a forma de seleção e classificação, a criação de classes e escolas e a orientação para os profissionais que trabalhavam com os sujeitos deficientes. As funções avaliadas eram "o grau de inteligência em relação aos alunos da mesma idade, bem como a observação da atenção do aluno, da sua memória". A inteligência, que seria o "principal parâmetro para a classificação das crianças em supernormal ou precoce, subnormal ou tardio e normal", não era definida pelo autor. É de supor que a aferição do desempenho intelectual estivesse relacionada com o rendimento escolar do aluno, expresso nas notas escolares. Com base nesses critérios, Vieira de Mello teria feito uma classificação dos sujeitos deficientes. Assim, no grupo subnormal, estariam os "astênicos, indiferentes, apáticos, instáveis, irrequietos, impulsivos, ciclotímicos ou alunos que participam de uma e de outra categoria (...), alunos portadores de defeitos pedagógicos". A classificação separava os alunos em "os anormais intelectuais, os morais e os pedagógicos". Os anormais intelectuais seriam "os tardios e os precoces, com exagero das faculdades em comparação com os da sua idade". Por faculdade era entendida a "atenção fraca, a memória preguiçosa e lenta, a vontade caprichosa, a iniciativa rudimentar, com decisão difícil, reflexão laboriosa, credulidade ou muito exagerada, ou, ao contrário, insuficiente, donde confiança excessiva ou irredutível" (Jannuzzi 2004, pp. 40-41).

A descrição dos anormais morais era menos detalhada. Eram subdivididos entre os que tinham "tara moral dependente de anomalia intelectual", que podiam se beneficiar do "tratamento médico-pedagógico", e os "viciosos, nos quais a inteligência poderia ser brilhante, mas a educação nem sempre aproveitada". Eram considerados anormais pedagógicos os "dotados de inteligência e instrução em grau inferior à sua idade, por descuido ou defeito pedagógico" (*idem*, p. 41). O Serviço Médico-Escolar, tendo por base a publicação de Vieira de Mello, "vem prestar-nos serviço relevante na seleção dos diversos deficientes, tímidos, insofridos ou indisciplinados, preguiçosos ou desatentos, retardados todos por diferentes causas" (*idem*, p. 39).

A obra do médico Ulisses Pernambucano, publicada na cidade do Recife, em 1918, intitulada *Classificação das crianças anormais. A parada do desenvolvimento intelectual e suas formas. A instabilidade e a astenia mental*, dava ênfase à identificação e à classificação do sujeito deficiente. Ele foi o organizador da primeira equipe multidisciplinar composta por médico, pedagogo e psicólogo para trabalhar com sujeitos deficientes.

Pernambucano é considerado o pioneiro no "estudo e na prática da educação especial no Brasil" (Barreto 1992, p. 17).

A palavra "anormal", conforme aparece na classificação do sujeito deficiente, foi usada para designar todo e qualquer um que, pelos critérios de inteligência, atenção, memória, se parecesse diferente dos da sua idade. Não remetia às categorias patológicas mais precisas, como débil/debilidade mental, idiota, imbecil. Anormal, conforme Ferreira (1999), designava desenvolvimento físico, intelectual ou mental defeituoso, contrário às normas.

O livro de Basílio de Magalhães, escrito em 1913, intitulado *Tratamento e educação das crianças anormais de inteligência: Contribuição para o estudo desse complexo problema científico e social cuja solução urgentemente reclamam – a bem da infância de agora e das gerações porvindouras – os mais elevados interesses materiais, intelectuais e morais, da pátria brasileira*, ajuda a explicitar alguns conceitos correntes naquela época. Para a definição de anormalidade de inteligência, a obra de Magalhães apresentou dois conceitos. Em um deles, trata-se da "parada de desenvolvimento, congênita ou superveniente, das faculdades intelectuais, morais e afetivas, acompanhadas ou não de perturbações motoras ou perversão dos instintos". No outro, anormalidade de inteligência é uma "enfermidade, inata ou não, dos centros nervosos, provocando transtornos no desenvolvimento mental e impossibilitando os indivíduos por ela acometidos de se adaptarem ao meio em que vivem" (Jannuzzi 2004, p. 44).

O diagnóstico de anormalidade de inteligência foi considerado por Magalhães um momento importante, e só poderia se responsabilizar por ele um especialista, o que evitaria o risco de

> (...) confundir *falsos anormais*, que, mesmo apresentando um *abaixamento considerável de seu nível intelectual*, o tem por causas transitórias que poderão ser removidas. Seria tão perigoso não perceber os falsos, quanto desastroso não distinguir os *verdadeiros anormais*, já que isto os prejudicaria, bem como todas as demais crianças com quem conviveriam. (Jannuzzi 2004, p. 46)

A educação dos anormais de inteligência, para Magalhães, deveria ser feita em classes separadas e com o emprego de metodologia da "ortopedia mental, isto é, ajustar, corrigir as faculdades intelectuais: atenção, memória, percepção, juízo e vontade". A separação dos alunos era necessária, porque, segundo Magalhães, eles "não aprendiam com e nem como os normais (...) e 'o que é pior, impedem que as crianças normais aproveitem convenientemente a instrução que lhes é proporcionada'". A responsabilidade pela educação dos anormais seria do médico e do pedagogo, dizia Magalhães: "O médico, combatendo os defeitos orgânicos, e o pedagogo as taras mentais, até que a criança pudesse voltar às classes normais". A educação dos anormais era feita em nome da "ordem e do progresso". Ela "evitaria a germinação de criminosos, desajustados de toda a espécie, mas também em função do normal, não só porque a convivência o atrapalharia, como também o desenvolvimento de melhores meios e processos faria avançar a educação de todos" (Jannuzzi 2004, pp. 46 e 48).

Durante a Primeira República, houve um incremento da indústria que não ameaçou a predominância da atividade rural, pois a força da economia ainda se apoiava na produção cafeeira. Por isso, pouca qualificação de mão de obra era necessária. Nesse quadro, em que a educação escolar geral era pouco necessária, a educação do sujeito deficiente foi praticada. A primeira fase republicana encerrou-se com a crise na economia cafeeira, com o incremento da industrialização e a consequente necessidade de modificação nas relações de trabalho – que, associadas a uma questão jurídica na sucessão presidencial, criaram as condições para a formação da Aliança Liberal – e com o movimento que levou Getúlio Vargas ao poder.

Em 1930, Vargas assumiu, provisoriamente, a Presidência da República. Nesse ano, foi criado o Ministério da Educação e da Saúde Pública. Em 1931, um conjunto de leis criou o Conselho Nacional de Educação, regulamentou o ensino superior no Brasil e a Universidade do Rio de Janeiro, organizou o ensino secundário e o ensino comercial. A Associação Brasileira da Educação (ABE), criada em 1924, influenciou as decisões pedagógicas do governo. O Manifesto dos Pioneiros da Educação Nova, publicado em 1932, representa uma sistematizada concepção das ideias filosóficas, didático-pedagógicas e políticas da educação. O Manifesto proclamou que, entre todos os problemas nacionais, a educação tinha primazia. Criticou o que chamava "velha estrutura do sistema educacional" artificial e verbalista, e propôs uma "educação nova", baseada nas novas tendências sociais, o que colocaria suas finalidades para além dos limites das classes, preparando-a para formar a "hierarquia democrática" por meio da "hierarquia das capacidades recrutadas em todos os grupos sociais" (Ghiraldelli Jr. 2003, p. 34).

O Manifesto arrolou algumas medidas que seriam necessárias para a unidade da educação. Entre elas, sugeriu a "seleção dos alunos na sua aptidão natural, supressão de instituições criadoras de diferenças sobre a base econômica (...)" e distinguiu dois tipos de escola:

> (...) a *escola tradicional*, voltada para a satisfação dos interesses classistas, e a *escola socializada*, que subordinaria os *fins particulares de determinados grupos sociais* aos *fins fundamentais e gerais que assinalam a natureza nas suas funções biológicas*. Em outras palavras: a primeira escola colocava a educação como um privilégio fornecido pela *condição econômica e social do indivíduo*, enquanto a segunda assumiria uma educação a partir de um *caráter biológico* na medida em que reconheceria *a todo o indivíduo o direito de ser educado até onde permitem as suas aptidões naturais, independente de razões de ordem econômica e social.*
> (*Idem*, pp. 34-35)

Para garantir o direito biológico de cada indivíduo, o Manifesto defendeu a implantação da escola "*comum ou única*, que deveria tornar a educação *acessível em todos os seus graus a todos os cidadãos que a estrutura social do país mantém em condições sociais de inferioridade econômica*", visando proporcionar o "máximo desenvolvimento *de acordo com as suas aptidões vitais*" (*idem*, p. 36).

O movimento escola-novista, bem sedimentado na Europa, chegou ao Brasil influenciado por Decroly e Montessori, que tinham anteriormente se dedicado à educação de deficientes, e pelo americano John Dewey. A Escola Nova pautava-se pela crença no poder da educação, pela preocupação em reduzir as desigualdades sociais, pela necessidade de estimular a liberdade individual da criança e pelo interesse na pesquisa científica. A influência desse movimento se fez sentir sobre a educação de deficientes. A Escola Nova enfatizava o estudo das características individuais, a proposição de ensino adequado e especializado e a adoção de técnicas de diagnóstico do nível de inteligência. Dessa forma, apesar de o movimento defender a redução

O deficiente no discurso da legislação 73

das desigualdades sociais, as práticas adotadas contribuíram para a exclusão dos deficientes da escola comum.

As propostas pedagógicas formuladas nos anos 1930, e que influenciaram a Constituição de 1934, foram reunidas em quatro campos de ideias sobre educação: ideário liberal, ideário católico, ideário integralista e ideário comunista. O ideário liberal foi uma vertente forte e caracterizou-se por quatro aspectos: "a igualdade de oportunidades e democratização da sociedade via escola; a noção de escola ativa; a distribuição hierárquica dos jovens no mercado de trabalho por meio de uma hierarquia de competências e, por fim, a escola como posto de assistência social" (Ghiraldelli Jr. 2003, p. 51). Estava vinculada a essas noções a orientação vocacional e profissional hierarquizada mediante a aplicação de testes[5] vocacionais e de inteligência, que se preocupava com a formação de classes escolares homogêneas para facilitar a implementação de métodos de ensino baseados no enfoque psicológico.

O ideário católico argumentava uma "visão integral de educação", fundada na formação física, intelectual e moral. A Cartilha do Integralismo, que difundia o ideário integralista, buscava perpetuar a hierarquia social, garantida por um projeto educacional que dividia a sociedade em "trabalhadores da inteligência, trabalhadores do braço e trabalhadores do capital". Ela defendia a hierarquização da inteligência e uma "biotipologia educacional" de linha nazifascista e uma organização social em que vários grupos fossem tutelados "por um governo forte" (*idem*, pp. 65 e 68). A pedagogia comunista deveria integrar o conhecimento da realidade para a formação de pessoas aptas ao trabalho militante na revolução social.

A Associação Brasileira de Educação (ABE) encaminhou para a Assembleia Nacional Constituinte, empossada em 1933, uma proposta de anteprojeto para que a educação figurasse na Constituição. Parte das reivindicações contidas no Manifesto não foi assumida na proposta da ABE,

---

5. Lourenço Filho desenvolveu, em 1928-1929, as primeiras provas do Teste ABC, que era utilizado para identificar a maturidade necessária para a aprendizagem da leitura e da escrita. A psicologia das diferenças individuais influenciou a educação geral na medida em que justificava uma organização escolar metodologicamente diferenciada.

entre elas a criação da escola única que atenderia a todos. O documento previa a criação de "escolas comuns" e "especiais", sem entrar na diferenciação entre elas (*idem*, p. 76). Os debates político-ideológicos na Constituinte foram acirrados. O texto aprovado garantiu a gratuidade e a obrigatoriedade do ensino primário e assegurou a tendência à gratuidade para o ensino posterior ao primário. Foi fixado um percentual nunca inferior a 10% dos impostos arrecadados pela União para ser aplicado na educação. Houve posicionamento quanto à relação entre ensino público, constante no artigo 150, e ensino privado, constante no artigo 154, estimulando a expansão da rede particular de ensino.

O sujeito deficiente não foi mencionado diretamente na Constituição de 1934. Apesar de os artigos 149 e 150 garantirem a educação como direito de todos e determinarem sua gratuidade e sua obrigatoriedade, foram criadas poucas instituições para atender esse alunado. Foi a sociedade civil que começou a organizar-se em forma de associações de pessoas interessadas na educação do sujeito deficiente.

Os educadores envolvidos com a educação do sujeito deficiente, a partir de 1930, começaram a empregar a expressão "ensino emendativo", que tinha a finalidade de "suprir falhas decorrentes da anormalidade, buscando adaptar o educando ao nível social dos normais". O presidente Vargas, em 1937, referiu-se à dificuldade de aplicação do ensino emendativo. Prometeu ampliar os recursos para o "ensino dos anormais de inteligência" e exercer a ação do poder público "de acordo com as normas fixadas pelo Instituto Nacional de Pedagogia, em conexão com o Serviço de Assistência a Psicopatas"; os "inadaptados morais ficariam a cargo do Ministério da Justiça". O presidente Kubitschek, em 1956, demonstrou perceber a necessidade de educação ao sujeito deficiente ao propor a ampliação do ensino emendativo por parte do governo federal, dos estados e dos municípios, bem como um "levantamento de profissões acessíveis aos indivíduos de capacidade reduzida, oferecimento de oportunidades de trabalho". O presidente Goulart, em 1963, destinou recursos para que as escolas especializadas ampliassem o atendimento aos "jovens carentes de caracteres especiais na educação" (Jannuzzi 2004, pp. 70-71).

Há ambiguidades em torno da natureza do atendimento ao sujeito deficiente: ora ele é referido como sujeito de serviços de assistência, ora se manifesta a crença na sua competência para o trabalho. Essas ambiguidades em relação ao deficiente, tematizado ora na área médica, moral, filantrópica, ora na área educacional, estavam de acordo com o quadro geral da educação no país, que ia vagarosamente se organizando, conforme a influência de outras nações (Jannuzzi 2004).

O governo Vargas evitava a entrada de capital estrangeiro no país e aumentava a intervenção estatal na economia. Combatido pela Aliança Nacional Libertadora, que congregava as oposições, e pressionado pelas oligarquias, Vargas iniciou a repressão aos membros da Aliança, o que os obrigou a agir na clandestinidade. Em 10 de novembro de 1937, com o pretexto de "salvação nacional" contra a "ameaça comunista", o Congresso foi fechado, a resistência liberal foi dominada e uma nova Constituição foi outorgada (Ghiraldelli Jr. 2003).

No campo da educação, o Estado Novo foi o criador de uma legislação presente na Constituição e por uma série de leis orgânicas do ensino. A responsabilidade do Estado para com a educação, na Constituição de 1937, modificava-se em relação à Carta anterior. Comparando-se artigos das Constituições de 1934 e 1937 no que se refere à educação –

> 1934: Art. 149. A educação é direito de todos e deve ser ministrada pela família e pelos poderes públicos, cumprindo a estes proporcioná-la a brasileiros e estrangeiros domiciliados no País, de modo que possibilite eficientes fatores da vida moral e econômica da Nação, e desenvolva num espírito brasileiro a consciência da solidariedade humana.
> 1937: Art. 125. A educação da prole é o primeiro dever e o direito natural dos pais. O Estado não será estranho a esse dever, colaborando, de maneira principal ou subsidiária, para facilitar a sua execução de suprir as deficiências e lacunas da educação particular.

–, observa-se que, no texto de 1934, aparece a determinação da educação como direito de todos e dever dos poderes públicos. O texto de 1937 desobrigou o Estado de manter o ensino público. A gratuidade do ensino, garantida na Constituição de 1934, é relativizada na de 1937, conforme se observa:

> 1934: Art. 150. Compete à União:
> a) ensino primário integral gratuito e de frequência obrigatória, extensivo aos adultos.

76 Papirus Editora

1937: Art. 130. O ensino primário é obrigatório e gratuito. A gratuidade, porém, não exclui o dever de solidariedade dos menos para com os mais necessitados; assim, por ocasião da matrícula será exigido aos que não alegarem, ou notoriamente não puderem alegar escassez de recursos, uma contribuição módica e mensal para a caixa escolar.

A Carta de 1937 não legislou sobre dotação orçamentária para a educação. No seu artigo 129, determinou como dever do Estado a sustentação do ensino pré-vocacional e profissional para as classes sociais menos favorecidas. Dessa forma, a lei reconhecia a divisão entre pobres e ricos e, assim, extinguia a igualdade formal entre os cidadãos. A Constituição dedicava uma seção à educação e à cultura, mas remetia responsabilidades da educação à sociedade, de quem era exigida uma "contribuição módica" para a manutenção e o desenvolvimento do ensino.

A deposição de Getúlio Vargas em 1945 encerrou o Estado Novo. Uma nova Assembleia Nacional Constituinte foi instalada e a Constituição foi promulgada em 1946.

Essa Constituição concedia liberdade aos estados e preconizava a República Federativa como forma de governo democrático. R.P. Oliveira (2001, p. 164) afirma que a "forma de dominação implantada com a Constituição expressa a contradição entre a manutenção das desigualdades e a emergência das massas populares como agente a ser considerado", mas reconhece que "foi sob sua vigência que vivemos quase vinte anos de democracia", por isso a considera como avançada e liberal.

A Carta de 1946 dedicou o capítulo II à educação e à cultura, estabelecendo que o ensino primário fosse obrigatório e gratuito. Pela primeira vez na história, a legislação maior do país fazia referência ao sujeito deficiente. Em seu artigo 172, dizia a Carta: "Cada sistema de ensino terá obrigatoriamente serviços de assistência educacional que assegurem aos alunos necessitados condições de eficiência escolar".

Os "alunos necessitados" a quem deveriam se destinar os serviços de assistência educacional foram nomeados pela Lei de Diretrizes e Bases da Educação Nacional – lei n. 4.024/61 –, que, naquele momento, começava a ser objeto de debates na Comissão de Educação e Cultura, com a denominação de "educação de excepcionais".

Instalado o governo do general Eurico Gaspar Dutra como presidente eleito, foi criada uma comissão liderada pelo ministro da Educação, Clemente Pinto, para a elaboração de um projeto de Lei de Diretrizes e Bases da Educação Nacional. O projeto foi encaminhado ao Congresso Nacional em 1948, arquivado em 1949 e dado por extraviado em 1951. Em 1957, um novo projeto foi apresentado para discussão. Um ano depois, a Comissão de Educação e Cultura recebeu um substitutivo, o "substitutivo Lacerda", que, baseado no 3º Congresso Nacional dos Estabelecimentos Particulares de Ensino, representava os interesses do ensino privado (Ghiraldelli Jr. 2003).

Em 1961 foi aprovada a primeira Lei de Diretrizes e Bases da Educação Nacional (LDBEN), lei n. 4.024. Demorou 13 anos no Congresso. Essa lei, que "inicialmente se destinava a um país pouco urbanizado, acabou sendo aprovada para um Brasil industrializado e com necessidades educacionais que o Parlamento não soube perceber" (*idem*, p. 107). O Título X da LDBEN, que trata "Da Educação de Excepcionais", contém dois artigos que fazem referência à educação de excepcionais:

> Art. 88. A educação de excepcionais deve, no que for possível, enquadrar-se no sistema geral de educação, a fim de integrá-los na comunidade.
> Art. 89. Toda iniciativa privada, considerada eficiente pelos Conselhos Estaduais de Educação e relativa à educação de excepcionais, receberá dos poderes públicos tratamento especial mediante bolsa de estudo, empréstimos e subvenções.

O artigo 88 evidencia a preocupação com o enquadramento do excepcional no sistema geral de educação e com sua integração na comunidade, o que revela a presença do paradigma da integração. O artigo 89 mostra a igualdade de tratamento dado pelo poder público aos estabelecimentos oficiais e particulares de ensino, o que poderia determinar que as verbas oficiais fossem carreadas para a iniciativa privada.

No período entre 1948 e 1961, enquanto a LDBEN permanecia no Congresso Nacional, outras iniciativas importantes foram concretizadas. A Fundação para o Livro do Cego no Brasil, criada em 1946 e que, em 1990, passou a chamar-se Fundação Dorina Nowill para Cegos, nome de sua fundadora, imprimiu a *Revista Brasileira para Cegos* e, em 1951, distribuiu

2.446 livros (Mazzotta 1999). Também em 1951, o Imperial Instituto dos Surdos-Mudos fez funcionar "o primeiro curso normal de professores de surdos, equivalente ao grau médio, de três anos de duração" (Jannuzzi 2004, p. 82). O curso foi frequentado por alunas vindas de oito estados e mais as do Rio de Janeiro. Essa modalidade de curso se estendeu até 1961.

Também nesse período, várias instituições especializadas no atendimento de diferentes áreas de excepcionalidades foram criadas. Em 1950, foi fundada a Associação de Assistência à Criança Defeituosa (AACD), instituição particular, especializada no atendimento de deficientes físicos não sensoriais, especialmente portadores de paralisia cerebral. Em 1952, em São Paulo, a Escola Municipal Helen Keller constituiu-se no I Núcleo Educacional para Crianças Surdas. Em 1954, foi fundado, também em São Paulo, o Instituto Educacional São Paulo, especializado no atendimento a crianças deficientes da audição. A Sociedade Pestalozzi ampliou sua rede de atendimento que começara com o Instituto Pestalozzi de Canoas,[6] no Rio Grande do Sul, em 1926; a Sociedade Pestalozzi de Minas Gerais surgiu em 1932; a Sociedade Pestalozzi do Rio de Janeiro, em 1948, e a Sociedade Pestalozzi de São Paulo, em 1952 (Mazzotta 1999).

A fundação da Associação de Pais e Amigos dos Excepcionais (Apae), em 1954, foi a "grande propulsora da educação especial, tentando abranger os diversos problemas da excepcionalidade, englobando as áreas de saúde e educação" (Jannuzzi 2004, p. 87). A fundação da Apae do Rio de Janeiro, em 1954, foi seguida por centenas de outras fundações que hoje reúnem, na Federação Nacional da Apaes, mais de mil associadas.

A influência dos médicos continuava a ser exercida na educação do sujeito deficiente. O doutor Armando Paiva Lacerda, diretor do Imperial Instituto dos Surdos-Mudos entre 1930 e 1947, no livro *Pedagogia emendativa do surdo*, menciona os objetivos dessa educação: "suprir falhas decorrentes da anormalidade, buscando adaptar o educando ao nível social dos normais" (Jannuzzi 2004, p. 97). É importante destacar que, no Imperial

---

6.   O Instituto Pestalozzi de Canoas foi fundado em Porto Alegre pelo professor Tiago Würth e sua esposa, professora Johanna Würth, em 1926. Depois foi transferido para Canoas. Inspirado na concepção de pedagogia social do suíço Henrique Pestalozzi, o Instituto introduziu a concepção de ortopedagogia.

Instituto dos Surdos-Mudos, havia uma seção Clínica e de Pesquisas Médico-Pedagógicas onde eram realizados exames médicos, atendimento de urgência, vacinação, exames de laboratório, enfermaria, pesquisa e estudos. Também o Imperial Instituto dos Meninos Cegos mantinha seções de Medicina e Prevenção da Cegueira. A partir de 1950 o atendimento ao sujeito deficiente foi ampliado. Isso se deveu ao envolvimento da sociedade com essa problemática, ao desenvolvimento de organizações filantrópicas e de serviços ligados à saúde e à educação, aos movimentos internacionais no pós-guerra e ao movimento dos próprios sujeitos deficientes.[7] Assim, ações governamentais, "embora atrasadas em relação às populares", como as "Campanhas", a partir de 1957, e a Lei de Diretrizes e Bases da Educação Nacional, lei n. 4.024/61, em que está destacada a "educação de excepcionais" nos artigos 88 e 89, representaram um incremento nessa área (Jannuzzi 2004, p. 136).

O atendimento educacional aos excepcionais foi, de fato, assumido pelo governo federal a partir das "Campanhas". As ações das "Campanhas" poderiam ser desenvolvidas diretamente ou por meio de convênios com instituições privadas. A primeira foi a Campanha para a Educação do Surdo Brasileiro (Cesb), em 1957. Sediada no Instituto Nacional de Educação de Surdos (Ines), ela era destinada a promover "as medidas necessárias a educação e assistência, no mais amplo sentido, em todo o Território Nacional" (Mazzotta 1999, pp. 49-50). Um ano depois, em 1958, foi criada a Campanha Nacional de Educação e Reabilitação de Deficientes da Visão, que funcionou no Instituto Benjamin Constant. Em 1960, ela se desvinculou do IBC, passando a se chamar Campanha Nacional de Educação de Cegos (Cnec), tendo como objetivo realizar

> (...) treinamento e especialização de professores e técnicos no campo da educação e reabilitação de deficientes visuais, incentivo, produção e manutenção de facilidades educacionais, incluindo equipamentos, livros, auxílios ópticos e material para a leitura e escrita, além da assistência técnica e financeira aos serviços de educação especial e reabilitação (...).
> (*Idem*, p. 51)

---

7. Jannuzzi (2004) menciona o movimento dos cegos a partir de 1954, de acordo com artigo publicado na *Revista Brasileira de Ciências do Esporte*.

80 Papirus Editora

Uma outra campanha foi criada em 1960: a Campanha Nacional de Educação e Reabilitação de Deficientes Mentais (Cademe), com a finalidade de promover "em todo o território nacional, a educação, treinamento, reabilitação e assistência educacional das crianças retardadas e outros deficientes mentais de qualquer idade ou sexo (...)" (*idem*, p. 52). As "Campanhas" e a LDBEN foram tentativas de realçar um segmento da população e fazer-lhe alguma justiça social. Porém, os resultados foram pouco significativos, porque a estrutura social do país assegurava direitos e benefícios só para poucos (Jannuzzi 2004).

A Constituição de 1967 tornou-se necessária, no sentido de adaptar a Constituição de 1946 ao modelo militar-tecnocrático instalado com a revolução/golpe de março de 1964. Em 1966, o presidente marechal Castelo Branco nomeou uma comissão de juristas para elaborar o anteprojeto da nova Constituição. O anteprojeto elaborado pelos juristas foi emendado pelo ministro da Justiça e a ele também foram incorporadas sugestões do Conselho de Segurança Nacional.

Entregue ao presidente, o novo documento recebeu sugestões do Gabinete Executivo da Arena[8] e, depois, foi encaminhado ao Congresso. O projeto do Executivo era "autoritário e centralizador, sob o ponto de vista político; liberal e privatizante, sob o ponto de vista econômico". As discussões e a tramitação do projeto no Congresso deram-se com rigoroso acompanhamento do Executivo. Não houve participação nem de professores nem de estudantes. A intervenção de uma única instituição civil, a Associação Brasileira de Educação (ABE), deu-se em defesa do direito à educação: reivindicava o dever do poder público e pedia a manutenção dos percentuais mínimos a serem aplicados na educação (Horta 2001, p. 203). Um único parágrafo no artigo 169, da Constituição de 1967, refere-se ao sujeito deficiente: "§ 2º – Cada sistema de ensino terá, obrigatoriamente, serviços de assistência educacional que assegurem aos alunos necessitados condições de eficiência escolar".

---

8. Arena – Aliança Renovadora Nacional, partido político criado para dar sustentação política ao governo, que congregava um mosaico de militantes de centro-direita adeptos da Revolução, tecnocratas e adesistas.

A emenda constitucional n. 1/69,[9] que originou a Constituição de 1969, legitimou os atos institucionais e o movimento que se autodenominava revolucionário. No que toca à educação, a emenda constitucional n. 1/69 manteve o texto da Constituição de 1967, acrescentando a vinculação de 20% da receita tributária do município para a educação. Além disso, modificou o artigo 167, § 4º. "A lei instituirá a assistência à maternidade, à infância e à adolescência (...)", e acrescentou a educação de excepcionais no artigo 175, § 4º: "Lei especial disporá sobre a assistência à maternidade, à infância e à adolescência e sobre a educação de excepcionais". A emenda também manteve no artigo 177, § 2º, o artigo 169, § 2º, da Constituição de 1967, que mencionava a assistência educacional aos alunos necessitados: "§ 2º – Cada sistema de ensino terá, obrigatoriamente, serviços de assistência educacional, que assegurem aos alunos necessitados condições de eficiência escolar".

A Lei de Diretrizes e Bases para o Ensino de 1º e 2º Graus, lei n. 5.692/71, veio para implementar a profissionalização no ensino secundário. As orientações para a implementação da profissionalização no ensino médio aparecem no Plano Decenal de Desenvolvimento Econômico e Social, que teve como base o Diagnóstico Preliminar da Educação de 1966. Essa lei foi produzida num período de euforia econômica, gerado pelo "milagre brasileiro". Ela não significou uma ruptura com a lei n. 4.024/61. Incorporou os objetivos gerais do ensino que diziam respeito à necessidade de oferecer ao educando "a formação necessária ao desenvolvimento de suas potencialidades como elemento de autorrealização, qualificação para o trabalho e preparo para o exercício consciente da cidadania" (Ghiraldelli Jr. 2003, p. 143). O autor observa diferenças entre as duas leis. A lei n. 4.024/61

> (...) refletiu princípios liberais vivos da democracia relativa dos anos de 1950, enquanto a lei n. 5.692/71 manifestou os princípios da ditadura militar, verificados pela incorporação de determinações no sentido da

---

9. A Constituição da República Federativa do Brasil de 1969 foi promulgada em 17 de outubro de 1969 pelos ministros militares (Marinha, Exército e Aeronáutica), como emenda à Constituição de 1967, promulgada em 24 de janeiro de 1967 (Campanhole e Campanhole 1981).

radicalização do trabalho escolar e na adoção do ensino profissionalizante no 2º grau de forma absoluta e universal. (*Ibidem*)

A lei n. 5.692/71 para o ensino de 1º e 2º graus não revogou os artigos 88 e 89 da lei n. 4.024/61 e acrescentou um artigo:

> Art. 9º – Os alunos que apresentem deficiências físicas ou mentais, os que se encontrem em atraso considerável quanto à idade regular de matrícula e os superdotados deverão receber tratamento especial, de acordo com as normas fixadas pelos componentes Conselhos Estaduais. (*Ibidem*)

No processo constituinte de 1987/1988 que produziu a "Constituição Cidadã", houve debates, pressões, movimentos de elites, de populares, de grupos corporativos. A nova Constituição "é democrática em muitos sentidos. É uma 'carta mistura', contém avanços e retrocessos. Retrata o lado retrógrado da sociedade e o lado mais moderno". Apesar das contradições, a Constituição promulgada em 1988 é a que "mais consagra direitos e incorpora conquistas sociais, apesar da defasagem (...) entre os avanços nos direitos civis e políticos e a ausência de garantia nos direitos sociais" (Pinheiro 2001, pp. 283-284).

A educação na Carta Constitucional de 1988 foi contemplada em diferentes momentos. Ela aparece no artigo 6º: "São direitos sociais a educação, a saúde, o trabalho (...)"; e no artigo 227: "É dever da família, da sociedade e do Estado assegurar à criança e ao adolescente, com absoluta prioridade, o direito à vida, à saúde, à alimentação, à educação (...)"; o capítulo III – Da educação, da cultura e do desporto – e a seção I desse capítulo tratam, especificamente, da educação.

O sujeito deficiente, denominado pelo texto constitucional como portador de deficiência, é mencionado no capítulo II – Da seguridade social –, seção IV – Da Assistência Social –, artigo 203, item IV: "A habilitação e reabilitação das pessoas portadoras de deficiência e a promoção de sua integração à vida comunitária", e item V: "A garantia de um salário mínimo de benefício mensal à pessoa portadora de deficiência e à idosa que comprovarem não possuir meio (...)"; no capítulo III, seção I, artigo 206, item I, é mencionada a igualdade de condições para o acesso e a permanência na escola.

O artigo 208 aborda, especificamente, o atendimento educacional ao sujeito deficiente da seguinte forma:

> Art. 208. O dever do Estado com a educação será efetivado mediante a garantia de:
> I – ensino fundamental obrigatório e gratuito, inclusive para os que a ele não tiveram acesso na idade própria;
> (...)
> III – atendimento educacional especializado aos portadores de deficiência, preferencialmente na rede regular de ensino.

Logo depois de promulgada a Constituição iniciaram-se os debates em torno da elaboração de uma nova Lei de Diretrizes para a Educação: a Lei de Diretrizes e Bases da Educação Nacional, que foi sancionada em 20 de dezembro de 1996, com o número 9.394/96. A LDBEN resultou de uma intensa luta parlamentar e extraparlamentar. Entidades da sociedade, reunidas em defesa do ensino público e gratuito, sugeriram versões de uma lei que atendesse aos anseios do conjunto da população. A lei resultante foi uma mistura do projeto discutido com a sociedade com o projeto do senador Darcy Ribeiro, "de certo modo mais afinado com o governo e com os interesses dos empresários do ensino". Na avaliação de Ghiraldelli Jr., a nova lei não representou uma derrota para os setores progressistas da sociedade. "Ela só não foi o que alguns, que tinham projetos muito específicos, queriam que fosse" (2003, pp. 207-208).

Relativamente ao atendimento educacional dos sujeitos deficientes, nessa lei denominados "educandos portadores de necessidades especiais", a LDBEN estabelece, no artigo 4º: "III. Atendimento educacional especializado gratuito aos educandos com necessidades especiais, preferencialmente na rede regular de ensino".

O capítulo V – Da Educação Especial – é dedicado inteiramente a essa temática. O artigo 58 refere-se à educação especial como uma modalidade de educação escolar que é oferecida, preferencialmente, na rede regular de ensino. Os beneficiários dessa modalidade de educação são os educandos portadores de necessidades especiais, mas não se define a modalidade de educação, tampouco se definem educandos portadores de necessidades especiais.

84 Papirus Editora

4
OS SENTIDOS DE SUJEITO DEFICIENTE

Neste capítulo, tenho por objetivo trabalhar com os efeitos de sentido nos discursos da igualdade, da diferença e da diversidade e nos discursos de normal e anormal, da exclusão e da inclusão do sujeito deficiente. As análises dos efeitos de sentido nesses discursos são realizadas com base em um dispositivo analítico constituído pelos estudos de Bhabha (2005), de Foucault (1977, 2002, 2004a), de B.S. Santos (1999, 2001, 2002, 2003a, 2003b), de Moscovici (2005) e Jodelet (2001, 2005). Entendo que é possível relacionar esses estudos com o objeto deste trabalho porque o sujeito deficiente está dito, embora não nomeado, nesses discursos que contemplam todos os sujeitos, e porque existem pontos comuns com a análise praticada neste estudo, respeitando-se, evidentemente, as peculiaridades das filiações teórico-metodológicas, e também porque "todo enunciado é suscetível de tornar-se outro, diferente de si mesmo, se deslocar discursivamente de seu sentido para derivar para outro" (Pêcheux 2002, p. 53).

Deficiência, diferença e diversidade

Tirésias era considerado um dos mais notáveis adivinhos da mitologia grega. Filho do nobre tebano Éveres e da ninfa Cáriclo, conhecia o passado, o presente e o futuro e era capaz de interpretar o voo e a linguagem dos pássaros. Tirésias era cego, e a explicação para sua deficiência tinha duas versões distintas. Segundo uma versão, ao escalar o monte Citerão, ele viu duas serpentes copulando. Tirésias, um jovem na ocasião, separou-as e matou a fêmea. Imediatamente, o rapaz se transformou em mulher. Sete anos depois, quando passou pelo mesmo lugar, viu novamente duas serpentes na mesma situação e procedeu da mesma forma, só que, em vez de matar a fêmea, matou o macho. Imediatamente recuperou seu sexo masculino. Por possuir experiência dos dois sexos, foi chamado ao Olimpo para arbitrar uma controvérsia entre Zeus e sua esposa, Hera. A discussão versava sobre quem teria maior prazer durante o ato sexual. Tirésias, ao responder que era a mulher, despertou a ira de Hera. A mulher, julgando ter ele denunciado a superioridade do homem, visto que seria ele o causador de tamanho prazer, cegou-o. Zeus, porém, apiedou-se de Tirésias e recompensou-o com o dom da manteia, ou seja, tornou-o capaz de conhecer o futuro, e concedeu-lhe o privilégio de sobreviver a sete gerações humanas. A segunda versão conta que a deusa Atenas, filha de Zeus, banhava-se nua numa fonte quando percebeu que era admirada pelo jovem Tirésias. A deusa cegou o rapaz, mas, a pedido de sua mãe, Cáriclo, sua fiel companheira, concedeu-lhe o dom da adivinhação (Brandão 1991).

A função de mediador é identificadora da personagem mitológica de Tirésias. Com seus dotes proféticos, podia mediar as relações entre os deuses e os homens e, pela sua condição andrógena, era capaz de intermediar a relação entre homens e mulheres. Outros sentidos podem advir não só de seus dotes e de sua condição, mas do seu assujeitamento.

Tirésias, ao interromper a relação de procriação das cobras, foi imprudente quanto à ordem da natureza e, como castigo, foi transformado em mulher. Ao ser chamado por Zeus e Hera para opinar, tendo em vista sua vivência com os dois sexos, sobre a controvérsia da intensidade do prazer sexual entre homem e mulher, a resposta desagradou à deusa-mulher que o puniu prontamente, cegando-o. Na segunda versão da lenda, o rapaz também recebe uma deficiência, a cegueira, como castigo.

A concepção de deficiência como castigo divino, como se percebe na lenda de Tirésias, remonta à Antiguidade. Mostra uma atitude incoerente, dúbia, em relação à deficiência: mesmo sendo uma forma de punição, o indivíduo que é constituído em sujeito deficiente com sentido de punição é recompensado com os outros poderes, outra forma-sujeito. Desse modo, o castigo e os eventuais ganhos dele resultantes como recompensas, mesmo nas suas formas mais singelas, revelam no discurso sua relação com o poder e com o desejo. O discurso não é só o que manifesta ou oculta o desejo, ele é o objeto do desejo; não só materializa as lutas e os sistemas de dominação, senão que ele é também aquilo pelo que se luta, aquilo de que se deseja apoderar.

Uma forma de exclusão vista no castigo se manifesta, na nossa sociedade, como uma separação e uma rejeição: o sujeito deficiente é separado numa tentativa de impedir a circulação e a validade de seu discurso. Pode também, em contrapartida, atribuir, como na lenda, poderes que a sabedoria de outros não pode perceber. A palavra do louco não era ouvida e dela nada resultava nem era escutada como uma palavra de verdade, "uma razão mais razoável do que a das pessoas razoáveis"."De qualquer modo, excluída ou secretamente investida pela razão, no sentido restrito, ela não existia" (Foucault 2004a, p. 11).

Os sistemas de exclusão do sujeito deficiente se exercem por meio de um conjunto de leis, de políticas, de práticas que as instituições criam, executam e atualizam. Como sistemas de verdade, as formas de separação e rejeição se apoiam no "modo como o saber é aplicado em uma sociedade, como é valorizado, distribuído, repartido e de certo modo atribuído" (*idem*, p. 17). O discurso da verdade, tendo apoio e distribuição institucional, projeta-se sobre outros discursos e autoriza-os mediante sua utilização. A palavra da lei, além da teoria do direito, busca suporte no saber sociológico, psicológico, médico. Assim, o discurso da verdade assume, pela evidência ideológica, uma forma sutil, independente e indispensável às suas funções de definir, de classificar, de justificar a tentativa de interdição do sentido e do sujeito deficiente e de seu lugar de significar.

O acontecimento desencadeado pela deficiência introduz o medo e mobiliza a atividade cognitiva das instituições para explicar, dominar e defender a sociedade. O sujeito deficiente é, dessa forma, constituído por um discurso de verdade da ciência que é construído sobre ele. A significação do sujeito deficiente materializa-se e circula nos discursos como uma representação social que é "uma forma de conhecimento, socialmente

O deficiente no discurso da legislação 87

elaborada e partilhada, com um objetivo prático e que contribui para a construção de uma realidade comum a um conjunto social" (Jodelet 2001, p. 22). Assim, as representações sociais do sujeito deficiente são transportadas pelas palavras, cristalizam-se nas/pelas instituições sociais, adquirem sentidos e circulam nos discursos.

As formas de conhecimento expressas em representações sociais confirmam que, em qualquer época, as sociedades produzem verdades para controlar os movimentos surpreendentes dos discursos. Na Antiguidade, a ausência de referências médicas favoreceu a produção de um conhecimento/verdade qualificativo sobre o sujeito deficiente. Esse conhecimento/verdade verteu da concepção expressa na moral religiosa que permitia interpretá-lo como resultado do pecado. Desse modo, o sujeito deficiente materializa a punição atribuída à irresponsabilidade de alguns membros de uma sociedade permissiva, um castigo que poupa aqueles que não ousam se comportar de forma inadequada.

O castigo prenunciado na lenda se fez prática na sociedade grega, mormente espartana, onde os atributos de perfeição e beleza eram condição para a própria existência, pois não havia espaço social para sujeitos incompletos. Essa prática era resultante da interpretação do discurso religioso baseado no conhecimento sobre a criação do homem. Deus disse: "Façamos o homem à nossa imagem, conforme nossa semelhança (...) Criou Deus, pois, o homem à sua imagem, a imagem de Deus o criou; o homem e a mulher os criou" (Gênesis 1:26-7). O homem, dotado da imagem e da semelhança de Deus, semelhança vista na sua perfeição, é constituído de vontade, liberdade e responsabilidade.

Sendo Deus perfeito e sendo o homem a sua semelhança, a perfeição é uma condição de ser. Uma vez a perfeição sendo predeterminada como condição de homem, os indivíduos imperfeitos eram excluídos dessa condição, não pertenciam ao reino de Deus. Assim, a ideia da imperfeição constitui o sentido e o sujeito deficiente. Dessa concepção se originou uma variedade de práticas hostis de separação e exclusão direcionadas ao sujeito deficiente e extensiva a seus familiares.

As palavras carregam a memória de representações com poder de evocação *performático* capazes de produzir e justificar atitudes e ações de atendimento discriminador. Para que as palavras adquiram sentidos, é preciso que elas já tenham tido sentido, que é recuperado por essa memória do dizer. A palavra, dessa forma, não significa por si; é a textualidade discursiva, pela interpretação, que lhe confere sentido. Assim, por exemplo, deficiente significa como doente, e daí resulta um tipo específico de atendimento; remete à diferença da imagem de seu Criador e aí mobiliza uma reação de punição/culpa.

Essa concepção moral geradora de um conhecimento sobre a deficiência e os estereótipos de sua transmissão torna o sujeito deficiente um estigma social. As crenças de que as doenças ligadas ao sistema nervoso se transmitem pelo simples contato e o medo de contaminação legitimam a separação e a rejeição. É grande o valor simbólico presente no contato físico entre as pessoas: "Desde a Antiguidade, o perigo do contato corporal é um tema recorrente do discurso racista, que utiliza a referência biológica para fundamentar a exclusão da alteridade" (Jodelet 2001, p. 20). Representações da moral, por seu valor simbólico, vindas pela memória e evidenciadas na transparência que a ideologia lhes fornece fazem ressurgir e atualizar as práticas de evitar o sujeito deficiente por conta do medo de contágio que a aproximação pode proporcionar.

Para compreender a construção de representações sociais sobre a doença mental, Jodelet (2005) trabalhou sobre relato histórico de uma Colônia Familiar[1] em Ainay-le-Château, uma aldeia no interior da França. Entender como a comunidade recebe os doentes, como ela se relaciona com a alteridade e como funcionam os processos representacionais foi o objetivo do estudo dessa autora. Ela verificou que a comunidade, ante a presença da doença, procura nos ritos simbólicos do cotidiano um saber que possa garantir sua permanência como um corpo sadio e, ao mesmo tempo, possa dar sentido à sua condição de diferente do outro. Com isso, estabelecendo uma delimitação identitária, a comunidade elimina o risco da indiferenciação e o medo do contágio simbólico com o sujeito doente.

A diferença que confronta o sujeito sadio com o sujeito doente abala a identidade daquele, impelindo-o a criar barreiras simbólicas que assegurem

---

1. Colônia Familiar: modelo de hospitalização psiquiátrica em que famílias hospedavam os doentes e assumiam as responsabilidades de administração, terapia, alimentação e cuidados dessas pessoas.

essas suas diferenças. Os sujeitos doentes hospedados pelas famílias "são acolhidos, mas isolados, e isolados, mas acolhidos" (Moscovici 2005, p. 14). Dessa forma, a suposta relação entre semelhantes, decorrente do princípio da instalação familiar do sujeito doente mental, é transformada numa relação entre diferentes. Eles são recebidos pelas famílias "não para se tornarem próximos e mais conhecidos, mas para permanecerem estranhos, longínquos, e até invisíveis". Os ritos simbólicos funcionam como prevenção. "Tratando-se da doença, e até da deficiência, qualquer que seja a sua natureza, a representação do contágio é a mais espontânea e a mais difundida", complementa Moscovici (*idem*, p. 26).

A presença multiforme do outro doente, deficiente, leva a sociedade a construir um saber sobre essa alteridade no intuito de realizar um aplanamento das reações emocionais por meio do uso coletivo de uma aparência social harmoniosa. Essa forma de convivência com o outro que encobre o mal-estar e o constrangimento caracteriza o mecanismo psicológico da denegação. A denegação "nos parece apoiar-se em um mecanismo de defesa social contra um ferimento narcísico, uma ameaça para a identidade de um grupo e dos seus membros por estigmatização" (Jodelet 2005, p. 97). Dessa forma, tanto a doença quanto a deficiência são vistas como natureza, situam-se na ordem do ser: "Eles [os doentes e os deficientes] não têm doenças, eles são doentes; a qualidade se faz estado: eles não estão doentes, são doentes" (*idem*, p. 208). Desse modo, a denegação como um mecanismo de defesa social produz um apagamento do lugar de significar do sujeito deficiente e até mesmo do próprio sujeito deficiente.

O conhecimento é uma categoria essencial para a construção discursiva sobre o sujeito deficiente. Ele se manifesta e circula na ciência, nas leis, nas narrativas e nas práticas institucionais. Contém o poder e a possibilidade de controle do sentido e do sujeito deficiente. O conhecimento constrói uma terminologia e dá origem a uma prática que vai influenciar as ações posteriores com/sobre o sujeito deficiente. Também é o conhecimento que viabiliza a construção de uma categorização social para explicar as percepções e as relações entre as pessoas e os grupos. A classificação, por meio do estabelecimento de categorias, possibilita a interpretação e o controle do ambiente físico e social. O pertencimento a uma categoria assegura, ao mesmo tempo, um conjunto de características comuns aos membros do grupo e também o não pertencimento de integrantes com características distintas.

O sujeito deficiente é uma construção que resulta do conhecimento do médico, do psicólogo, do pedagogo. O discurso que esses profissionais possuem/produzem sobre o sujeito deficiente é compreendido (e aceito) como aquilo que é. Materializado no discurso profissional, esse conhecimento que descreve, ao mesmo tempo, constitui o sujeito deficiente. As narrativas desses profissionais constituem-se em representações sociais, ou seja, tornam-se conhecimentos partilhados que contribuem para a construção de uma realidade comum a um segmento social.

O caráter de cientificidade e neutralidade do discurso da deficiência encobre a questão política da diferença, que é definida como diversidade e recebe a conotação de uma variante aceitável na perspectiva da normalidade. Os discursos oficiais empregam o termo diversidade como uma estratégia que tenta aprisionar o sentido das diferenças culturais. Assim, a recorrência à classificação materializada no conjunto da legislação, das políticas e das práticas institucionais realiza essa tentativa de imobilização do sujeito deficiente dentro de uma categoria funcional cognitiva. A legislação – o excesso dessa legislação – pode ser interpretada como uma necessidade de conhecer o outro deficiente, de torná-lo transparente para manter vigilância em relação a ele e proteger a integridade dos demais membros da sociedade. Na perspectiva discursiva, o excesso de classificação pode ser interpretado como uma tentativa de verbalizar o silêncio para tentar fixar um sentido, pois o silêncio pode ter muitos sentidos, e o dizer dá a ilusão de que os sentidos podem ser administrados.

Assim, o discurso da legislação, legitimado pelo discurso da ciência, introduz uma instância pública que oficializa o sujeito deficiente como impedido de significar, como não tendo lugar para significar, precisando, portanto, ser significado. Assim, a construção discursiva sobre ele funciona por meio de uma racionalização que justifica e reforça essa forma de ação constitutiva. Sua historicidade e sua condição política são apagadas e o sujeito deficiente é percebido como um lugar natural, podendo ser constituído e apropriado pelo discurso da legislação.

A categorização da deficiência baseada na falha, na debilidade ou na falta da inteligência, na abstração das funções mentais superiores tidas como definidoras da especificidade humana constrói um discurso de negação da humanidade do sujeito deficiente. Essas construções que se imprimem no tecido do conhecimento científico são históricas, produtos das representações sociais constituídas pela língua e pela ideologia. O apagamento da historicidade do sujeito deficiente faz parte da relação como uma estratégia de dominação. O discurso da legislação, redigido na forma impessoal, ao não mencionar o sujeito autor (o sujeito legislador) nem o objeto (o sujeito deficiente) nomeado como portador de deficiência, realiza um ocultamento das realidades sociais de ambos. Esse ocultamento reduz, estrategicamente, a capacidade de movimento dos sentidos e do sujeito deficiente e produz uma desestabilização do seu lugar de significar.

Na perspectiva da diversidade, a diferença e a identidade são tomadas como fatos da vida social e tendem a ser naturalizadas. A diferença peculiar do sujeito deficiente é, nesse caso, negada, constituindo um sentido de natural, próprio da natureza de todos os sujeitos. A diferença e a identidade não pertencem ao mundo natural nem ao transcendental; elas são criações sociais e culturais, atos da criação linguística (T.T. Silva 2000). Sendo criações da cultura e compostas pelos sistemas simbólicos, a identidade e a diferença não podem ser compreendidas fora dos sistemas de significações em que adquirem sentidos, os quais não são fixos, mudam, porque a própria linguagem é uma estrutura instável. O sujeito deficiente, assim, adquire sentido na criação cultural constituída pela linguagem.

Embora originalmente vinculadas aos movimentos demográficos, "as metáforas da hibridização, da miscigenação, do sincretismo e do travestismo também aludem a alguma espécie de mobilidade entre os diferentes territórios da identidade". Essas metáforas, que dão ênfase aos processos que despurificam a identidade, trabalham no sentido de se contraporem à tendência a se tornarem essenciais na sua constituição. Em conformidade com essa perspectiva, o autor salienta que "esses processos não são simplesmente teóricos; eles são parte integral da dinâmica da produção da identidade e da diferença" (*idem*, pp. 86-87). Além disso, o autor observa que o hibridismo se efetiva entre identidades que se posicionam assimetricamente em relação ao poder.

Homi Bhabha (2005), da perspectiva da sua teorização do "hibridismo cultural", propôs uma distinção entre os conceitos de diferença e diversidade, chamando a atenção o uso do termo diversidade para denotar a importância do caráter plural e democrático de uma sociedade. Na teoria cultural, o hibridismo tem sido considerado no processo de formação das identidades nacionais e étnicas. O hibridismo defende que a influência de um, exercida sobre o outro, não se realiza numa única direção, do colonizador[2] para o colonizado; ela é bidirecional, ambos se influenciam mutuamente. Esse conceito rompe com a ideia de uma relação imutável entre uma posição dominante e uma posição dominada, uma relação em que um lado se impõe sobre o outro sem se modificar, e o outro lado se modifica passivamente.

O hibridismo pressupõe a noção de alteridade. Nessa perspectiva, ele recusa a concepção de pureza dos grupos reunidos sob uma identidade nacional, pois defende o princípio da solubilidade racial e étnica na constituição de identidades. Dessa forma, a identidade de grupos minoritários, entre eles os sujeitos deficientes, resultante do hibridismo, não representa mais nenhuma das identidades originais, embora as identidades resultantes conservem traços das identidades de origem.

Um dos sinais mais importantes entre os considerados verdadeiras maravilhas pelo colonizador é aquele que o faz pensar que pode controlar a imaginação e as aspirações do colonizado, por apresentar situações e experiências consideradas superiores a qualquer coisa que o colonizado possa aspirar a vivenciar (Bhabha 2005). Esse controle não se realiza na sua plenitude, pois do contato do colonizador e do colonizado, por meio de suas diferentes manifestações, resultam modalidades híbridas de expressão que desafiam conceitos de autenticidade e pureza, sobre as quais o poder colonial se apoia. Essa concepção fragiliza as tentativas de construção de uma identidade pura e distintiva para o sujeito deficiente, tendo em vista suas idiossincrasias e as condições de produção do seu processo de assujeitamento. O discurso da legislação tenta produzir uma essencialização/colonização identitária da deficiência ao prescrever o lugar, o procedimento específico e a distinção profissional próprios para atendimento do sujeito deficiente.

O público e o privado, o presente e o passado, o psíquico e o social desenvolvem uma "intimidade intersticial" que questiona as divisões binárias

---

2.   Um dos significados trazidos por Ferreira (1999, p. 504) define colonizar como "(...) exercer domínio, ou supremacia, sobre".

por meio das quais essas instâncias da experiência social são espacialmente opostas. Essas instâncias da vida social "são ligadas através de uma temporalidade intervalar que toma a medida de habitar em casa, ao mesmo tempo em que produz uma imagem do mundo da história" (Bhabha 2005, p. 35). A divisão binária pressupõe que o primeiro termo é o definidor da norma, e o segundo existe em função do primeiro. O hibridismo é uma forma de oposição subversiva às práticas de discriminação e de dominação que empurram as identidades para se constituírem nas extremidades intervalares. Ele rompe com a concepção iluminista da construção da identidade que se assenta nas oposições normalidade/anormalidade, racionalidade/irracionalidade, completude/incompletude.

Assim, uma vez que afeta ambos os sujeitos da relação, o processo de hibridização subverte também, de alguma forma, o poder. O espaço híbrido, dessa maneira, constitui não só um movimento de identidade e diferença, mas também um movimento nas relações de poder. Nessa perspectiva, o sujeito deficiente é constituído não no lugar próprio da deficiência, mas no espaço híbrido onde a normalidade e a deficiência habitam simultaneamente.

Há que focalizar os momentos ou processos, os "entrelugares" que se produzem na articulação das diferenças culturais. Pois

> (...) esses "entrelugares" fornecem o terreno para a elaboração de estratégias de subjetivação – singular ou coletiva – que dão início a novos signos de identidade e postos inovadores de colaboração e contestação, no ato de definir a própria ideia de sociedade.
> É na emergência dos interstícios – a sobreposição e o deslocamento de domínios da diferença – que as experiências intersubjetivas e coletivas de *nação* (*nationness*), o interesse comunitário ou o valor cultural são negociados. (Bhabha 2005, p. 20)

Os sujeitos se constituem em espaços híbridos, os interstícios, que criam a "possibilidade de um hibridismo cultural que acolhe a diferença sem uma hierarquia suposta ou imposta" (*idem*, p. 22). Assim, também, os sujeitos deficientes constituídos nessas fronteiras culturais evidenciam um modo de funcionar baseado na articulação das diferenças, de tal maneira que o trabalho da cultura leva ao encontro de um espaço-tempo que não seja parte do *continuum* de passado e presente.

Esse movimento em que o espaço e o tempo se cruzam não significa nem começos nem términos, mas sim a possibilidade de se produzirem figuras complexas de diferença e identidade, de passado e presente, de inclusão e exclusão. Desse modo, o discurso religioso manifesto na expressão "Façamos o homem à nossa imagem, conforme nossa semelhança"[3] se transfere para o discurso jurídico na forma de "Todos são iguais perante a lei"[4] e produz um deslocamento do sentido de normal de tal forma que todos são à semelhança de Deus e iguais perante a lei, portanto normais/perfeitos. Com isso, a anormalidade/falta se constitui como a diferença. O diferente – o deficiente – não é exatamente à semelhança (perfeição) de Deus, nem recebe tratamento exatamente igual da lei.

A constituição do sujeito se processando no movimento do espaço-tempo, na fronteira da articulação entre culturas, faz surgir uma nova forma de pensar o sujeito deficiente como sujeito híbrido, constitutivamente heterogêneo (Authier-Revuz 1998). O sujeito deficiente, nessa perspectiva, inscreve sua constituição num espaço intersticial que fratura a lógica binária na qual a identidade da diferença é construída. A possibilidade de movimento do ponto de segmentação da identidade diferente desloca as fronteiras que demarcam a diferença do sujeito deficiente, criando um espaço cultural híbrido com potencial para constituir sujeitos dotados da herança das distintas culturas.

Bhabha (2005, p. 60) menciona o compromisso com a teoria no processo de demonstrar um "outro território de tradução, um outro testemunho da argumentação analítica, um engajamento diferente na política de e em torno da dominação cultural". Para que esse outro lugar da teoria possa existir é necessário

---

3. Gênesis, 1:26-7.
4. Constituição Política do Império do Brasil, 1824, art. 179, XII; Constituição da República dos Estados Unidos do Brasil, 1891, art. 72, § 2º; Constituição da República dos Estados Unidos do Brasil, 1934, art. 113, 1; Constituição dos Estados Unidos do Brasil, 1937, art. 122, 1; Constituição dos Estados Unidos do Brasil, 1946, art. 141, § 1º; Constituição da República Federativa do Brasil, 1967, art. 150, § 1º; Constituição da República Federativa do Brasil, 1969, art. 153, § 1º; Constituição da República Federativa do Brasil, 1988, art. 5º.

(...) re-historicizar o "momento da emergência do signo", "a questão do sujeito" ou a "construção discursiva da realidade social", para citar uns poucos tópicos em voga na teoria contemporânea. Isto só pode acontecer se relocarmos as exigências referenciais e institucionais desse trabalho teórico no campo da diferença cultural – *e não da diversidade cultural.* (*Idem*, p. 61)

Essa reorientação pode ser obtida por meio dos textos históricos do momento colonial do final do século XVIII e início do século XIX, porque, no mesmo instante em que a questão da diferença cultural surgia no texto colonial, os discursos da civilidade estavam definindo o momento duplicador do surgimento da modernidade ocidental. Dessa maneira, a genealogia da modernidade vincula as origens das ideias de civilidade e também a história do momento colonial.

A teoria se embasa na noção de diferença cultural e não na de diversidade cultural. É importante compreender como o autor caracteriza cada uma dessas noções:

> A diversidade cultural é um objeto epistemológico – a cultura como objeto de conhecimento empírico –, enquanto a diferença cultural é o processo de *enunciação* da cultura como "*conhecível*", legítimo, adequado à construção de sistemas de identificação cultural. Se a diversidade é uma categoria da ética, estética, ou etnologia comparativas, a diferença cultural é um processo de significação através do qual afirmações *da* cultura ou *sobre* a cultura diferenciam, discriminam e autorizam a produção de campos de força, referência, aplicabilidade e capacidade. (*Idem*, p. 63)

Assim, a diversidade cultural corresponde aos conteúdos e costumes culturais, mantida num determinado enquadramento temporal podendo emergir como um sistema de articulação e intercâmbio de signos culturais; a diferença cultural corresponde a processos de significação.

O conceito de diferença cultural gira em torno da questão da "ambivalência da autoridade cultural: a tentativa de dominar em *nome* de uma supremacia cultural que é ela mesma produzida apenas no momento da diferenciação". Isto é, é o poder da cultura como conhecimento da verdade que está em questão no conceito e no momento da enunciação. A enunciação produz uma ruptura entre um modelo, uma tradição, um sistema de referência estável e a "negação necessária da certeza na articulação de novas exigências, significados e estratégias culturais no presente político como prática de dominação ou resistência" (*idem*, p. 64).

A enunciação da diferença cultural traz para o debate a questão da divisão binária de passado-presente, tradição-modernidade, ao evidenciar que, no momento de significar o presente, algo é repetido, relocado, os já-ditos retornam e se posicionam na defesa de desejos da autoridade. Um enunciado não pode ser autossuficiente porque a enunciação cultural é atravessada pela diferença da escrita. E é exatamente essa diferença no processo da linguagem que assegura a produção do sentido e que, ao mesmo tempo, assegura que o sentido nunca é o mesmo nem é transparente.

No enunciado cultural, há uma disjunção entre o sujeito de uma proposição e o sujeito da enunciação, que não aparece no enunciado, mas que é reconhecido pela sua posicionalidade cultural, sua referência a uma época, a um lugar. Assim, a interpretação

> (...) nunca é simplesmente um ato de comunicação entre Eu e Você designados no enunciado. A produção de sentido requer que esses dois lugares sejam mobilizados na passagem por um Terceiro Espaço, que representa tanto as condições gerais da linguagem quanto a implicação específica do enunciado em uma estratégia performática e institucional da qual ele não pode, em si, ter consciência. (*Idem*, p. 66)

Essa relação inconsciente introduz uma ambivalência no processo de interpretação. O *eu* pronominal não pode interpelar o sujeito da enunciação, pois ele não é personalizável; assim, o sentido nunca é, literalmente, nem um nem outro. O discurso do colonizador é ambivalente por utilizar como estratégia a imitação: o outro, o colonizado, é representado como semelhante, mas nunca exatamente igual ao colonizador. Esse discurso se caracteriza pela "indeterminação entre a representação da diferença e sua desqualificação" e a ambivalência influencia a autoridade do discurso colonial.

> (...) ao tentar "normalizar" o outro para torná-lo conhecido e, assim, poder discipliná-lo, produzindo uma "presença parcial", esse discurso constrói sua própria contradição, que tem como consequência a constituição do outro como ameaça à autoridade colonial naquilo que permanece inapropriado. A imitação é, pois, a um só tempo, semelhança e ameaça. (Grigoletto 2002, p. 77)

No discurso da legislação podem ser detectados indicadores de ambivalência em relação ao sujeito deficiente. Ao tentar produzir um efeito de igualdade no texto constitucional "Todos são iguais perante a lei", e ao instituir a "Semana Nacional da Criança Excepcional",[5] a legislação atualiza a memória social da deficiência e, como data histórica, projeta a permanência do indivíduo constituído pela língua e pela ideologia como sujeito deficiente. A mesma tentativa de fixar um efeito de sentido de igualdade se contradiz com a "garantia de um salário mínimo de benefício mensal à pessoa portadora de deficiência (...)",[6] que produz um sentido de que a diferença é inferiorizadora.

As articulações ambíguas da realidade e do desejo no discurso, uma que leva a realidade em consideração e outra que a desqualifica, são o resultado de uma recusa que nega a diferença do outro. Assim,

> (...) se, por algum tempo, o ardil do desejo é calculável, para os usos da disciplina, logo em seguida a repetição da culpa, da justificação, das teorias pseudocientíficas, da superstição, das autoridades espúrias e das classificações pode ser vista como esforço desesperado de "normalizar" *formalmente* a perturbação de um discurso de cisão que viola as exigências racionais, esclarecidas, de sua modalidade enunciatória. (Bhabha 2005, p. 137)

A posição manifesta no conceito de hibridismo revela a recusa de ver a relação de colonização-interdição como uma relação rígida e imóvel entre um dominante e outro dominado. A noção de hibridismo pressupõe a constituição do sujeito pela alteridade. Alerta, no entanto, que o hibridismo não é/tem uma nova verdade, um terceiro termo que aplaca a tensão entre partes em conflito no jogo dialético. O hibridismo "reverte os efeitos da recusa colonialista, de modo que outros saberes 'negados' se infiltrem no discurso dominante e tornem estranha a base de sua autoridade – suas regras de reconhecimento" (*idem*, p. 165). Dessa forma, o hibridismo se constitui em um modo de apropriação e, ao mesmo tempo, de resistência à dominação e à exclusão.

---

5. Instituída pelo decreto n. 54.188/64 para ser comemorada anualmente de 21 a 28 de agosto.

6. Constituição da República Federativa do Brasil, 1988, art. 203, V.

Assim, o sujeito deficiente como diferente, que se posiciona na borda de uma realidade intervalar, provoca um descentramento identitário. O descentramento permite olhar para si mesmo com o olhar/posição do outro. Essa experiência aumenta a possibilidade de enriquecimento de sua identidade com outras memórias e outras vivências. Ver os outros e ver-se a si mesmo com suas respectivas diferenças, como sujeito híbrido num lugar de movimento identitário, torna possível a articulação de lugares híbridos de normalidade e deficiência. Nesses lugares híbridos, os entrelugares, normalidade e deficiência vão além das diferenças de subjetividades para se articularem na construção de estratégias de subjetivação que forjarão novos signos de identidade e práticas de colaboração e contestação no processo de construção da ideia de sociedade. Nos entrelugares acontecem os processos simbólicos de negociação em que elementos antagônicos e contraditórios se articulam para viabilizar as relações entre os sujeitos – sujeito normal e sujeito deficiente – constituídos pela ideologia.

B.S. Santos (1999) teoriza sobre a "construção multicultural da igualdade e da diferença". Assevera que a igualdade pressupõe a aceitação e o reconhecimento das diferenças entre sujeitos e culturas, bem como permite buscar e escolher formas de estar no mundo das relações sociais. A igualdade inclui o direito à diferença. Não significa identidade nas escolhas ou nas aptidões. As sociedades capitalistas, no entanto, têm dispensado tratamento desigual aos sujeitos de acordo com suas histórias por meio de um discurso redutor do direito à diferença. Esse autor defende que cada época histórica foi caracterizada por uma forma mais ou menos hegemônica de pensar e fazer ciência. Houve épocas em que a confiança epistemológica deu lugar à dúvida: épocas de transição. Acredita o autor que estamos vivendo uma dessas épocas e a transição se revela nas formas de poder e de conhecimento.

A ciência moderna afirma sua base na revolução científica do século XVI, que consolida o domínio do conhecimento às ciências naturais. As ciências sociais passaram a compor um "modelo global de racionalidade científica" (B.S. Santos 2003a, p. 21), a partir do século XIX. Esse modelo de racionalidade científica reconhece como válido e único o conhecimento pautado rigorosamente em seus princípios epistemológicos e regras metodológicas. O desvendamento da natureza se dá de modo ativo, não contemplativo, com vistas a conhecer para dominar e controlar seus movimentos. O método científico quantifica, reduz a complexidade da variável de modo que conhecer significa dividir e classificar.

Para o conhecimento científico, os elementos da natureza podem ser demonstrados e relacionados em forma de lei à luz das regularidades observadas. Com base nas leis da natureza, a ciência pode determinar seu funcionamento como uma máquina. Assim como foi possível descobrir leis da natureza, também seria possível descobrir leis da sociedade. Dessa forma, o aparato jurídico e metodológico compõe um conjunto de instrumentos legais e de procedimentos que tentam garantir a uniformidade dos comportamentos e a padronização das práticas sobre a natureza.

A confiança epistemológica do paradigma dominante está sendo ameaçada. O grande avanço que o conhecimento científico possibilitou é, paradoxalmente, um fator significativo nessa ruptura. A identificação das limitações, a insuficiência estrutural do paradigma científico construído pela modernidade iluminista foi possível graças ao grande avanço no conhecimento que ele próprio proporcionou. "A maior contribuição de conhecimento do século XX foi o conhecimento dos limites do conhecimento. A maior certeza que nos foi dada é a da indestrutibilidade da incerteza" (Morin 2003, p. 55). O modelo científico instrumentalista do paradigma dominante fundado no rigor matemático "é um rigor que quantifica e que, ao quantificar, desqualifica, um rigor que, ao objetivar os fenômenos, os objetualiza e os degrada, que, ao caracterizar os fenômenos, os caricaturiza" (B.S. Santos 2003a, p. 54). O conhecimento, nessa perspectiva, ganha em rigor, mas perde na possibilidade de compreensão do mundo e do valor humano nele contido.

Essa crise, no entanto, não joga a ciência no abismo nem as pessoas na desesperança de seu cotidiano. Ao contrário, prenuncia a chegada de um conhecimento como "uma aventura encantada". Os contornos de um paradigma que se aproxima só podem ser traçados por meio de um exercício de especulação. Esses contornos são formulados na proposta denominada "Paradigma de um conhecimento prudente para uma vida decente". Nessa concepção paradigmática, B.S. Santos afirma:

> Sendo uma revolução científica que ocorre numa sociedade ela própria
> revolucionada pela ciência, o paradigma a emergir dela não pode ser apenas

um paradigma científico (o paradigma de um conhecimento prudente), tem que ser também um paradigma social (o paradigma de uma vida decente). (2003a, p. 60)

Um conjunto de quatro teses explicita a perspectiva do paradigma proposto. A primeira tese afirma que "todo conhecimento científico-natural é científico-social". Nessa tese, o autor defende que a distinção entre ciência natural e ciência social não tem mais razão de existir. Os avanços da biologia e da física, ao possibilitarem um melhor conhecimento das características de auto-organização, metabolismo e autorreprodução também encontradas nos sistemas pré-celulares das moléculas, questionam a distinção entre o orgânico e o inorgânico, entre o humano e o não humano. Conceitos de historicidade, de liberdade, de autodeterminação e até de consciência, antes reservados aos seres humanos, são empregados em teorias típicas da ciência natural. Na perspectiva do paradigma emergente, o conhecimento tende a ser menos dualista, fundado na superação das dicotomias cartesianas presentes na ciência moderna.

O processo de relações dicotômicas do paradigma iluminista moderno constrói um discurso que fratura a relação entre os elementos que se distribuem ao longo de uma mesma linha de relação. Por essa lógica, a relação de pertença do sujeito deficiente se justifica pela exclusão, porque a posição dele está além do limite estabelecido pela norma.

A segunda tese assegura que "todo conhecimento é local e total". Uma característica da ciência moderna é a especialização. O conhecimento é considerado mais rigoroso quanto mais restringe o objeto estudado. O rigor aumenta na medida em que aumenta a divisão do objeto, e isso leva a uma excessiva fragmentação do conhecimento. Na perspectiva do paradigma emergente, os conceitos e as teorias desenvolvidos em um lugar podem migrar para outros lugares cognitivos, podendo ser utilizados fora de seu contexto de origem. Assim, lembrando nessa tese o verso de seu compatriota, o poeta Miguel Torga, "o universal é o local sem paredes", B.S. Santos (2001, p. 18) substituiu "universal" por "global" para dizer que "o global é o local sem paredes" e, portanto, o local deixou de ser apenas local.

O modelo de cientificidade dominante baseado na especialização se expressa na legislação educacional brasileira ao instituir a educação

O deficiente no discurso da legislação 101

especial[7] como modalidade de educação escolar para atender o sujeito deficiente, ao assegurar currículos, métodos, técnicas e recursos de ensino[8] direcionados para o sujeito deficiente e a formação de professores para os diferentes níveis e modalidades de ensino.[9] Ao pretender, dessa forma, aumentar a qualidade da ação educacional, fende a unidade da educação e produz uma segmentação do conjunto dos sujeitos docentes e discentes. Também a classificação dos sujeitos deficientes e a segmentação dentro das classes, com o suporte da legislação e das políticas educacionais, evidenciam a abordagem metodológica adotada pelo modelo da especialização do conhecimento vigente na modernidade. Na perspectiva do paradigma emergente, ao significar o sujeito aluno, a legislação educacional já estará significando junto o sujeito aluno deficiente sem prejuízo do seu direito à diferença.

O autor afirma, na terceira tese, que "todo conhecimento é autoconhecimento". A modernidade científica, ao valorizar a objetividade e o rigor metodológico e considerar menos os valores humanos, consagrou o homem como sujeito epistêmico e o exilou como sujeito empírico. Essa distinção dicotômica entre sujeito/objeto, antes pacífica, já não é para o paradigma emergente, isto porque "o objeto é a continuação do sujeito por outros meios. Por isso, todo conhecimento científico é autoconhecimento" (B.S. Santos 2003a, p. 83). A perspectiva emergente alarga a concepção de ciência. Admite um conhecimento compreensivo e íntimo, no qual a dúvida, a incerteza, vista como limitação pela ciência moderna, é assumida como fundamental para conhecer a realidade. A produção do conhecimento no paradigma emergente é mais contemplativa, próxima da criação literária e artística.

Ao resistir à interferência dos juízos de valor e dos sistemas de crenças como partes integrantes dos processos de construção do conhecimento, a ciência moderna distancia o sujeito de uma forma de saber compreensivo e íntimo. Distancia também a possibilidade do envolvimento indispensável para a legitimação do outro deficiente na relação e, assim, prejudica a percepção e o reconhecimento do seu lugar de ser/significar.

Na quarta tese, o autor diz que "todo conhecimento científico visa constituir-se em senso comum". O paradigma emergente reabilita o senso comum que foi expulso pela modernidade científica, porque admite, nessa

---

7. Lei de Diretrizes e Bases da Educação Nacional, lei n. 9.394/96, art. 58.
8. Lei de Diretrizes e Bases da Educação Nacional, lei n. 9.394/96, art. 59, I.
9. Lei de Diretrizes e Bases da Educação Nacional, lei n. 9.394/96, art. 61.

modalidade de conhecimento, virtudes que podem enriquecer a relação com o mundo. Na perspectiva da ciência emergente, o conhecimento científico precisará ser convertido em conhecimento do senso comum traduzido em sabedoria de vida. Esta é a prudência da aventura científica, "a prudência é a insegurança assumida e controlada" (*idem*, p. 91). A ciência moderna constituiu-se em oposição ao senso comum por entendê-lo superficial e mistificador. Ao afirmar-se como detentora do conhecimento verdadeiro, ela se afastou das experiências do cotidiano de um grupo social. Para o autor, a ciência do paradigma moderno ensina pouco sobre as maneiras de estar no mundo.

Essa perspectiva teórica se assenta no conceito de "multiculturalismo emancipatório" (B.S. Santos 2001). Nele, o autor reconhece não só a diferença entre culturas, superando a concepção da mera adição de elementos culturais de uma cultura sobre a outra, como também as diferenças internas em cada cultura. Estabelece uma distinção entre duas formas de multiculturalismo: o conservador ou reacionário e o inovador ou emancipatório. O conservador é uma forma de multiculturalismo que admite a existência de outras culturas apenas como culturas inferiores. Para essa forma, a cultura eurocêntrica branca não é étnica; étnica são os não brancos. Além disso, não admite a incompletude dessa cultura. É uma cultura universal que reúne tudo que de melhor foi pensado, dito e feito no mundo e, portanto, tem razões para se impor sobre as demais culturas.

O multiculturalismo emancipatório se assenta numa tensão dinâmica entre a política de igualdade e a política de diferença. Passa a ideia de que, sendo todos iguais, assumimos a igualdade como princípio e como prática social. Esse princípio da igualdade não reconhece a diferença. A política baseada no princípio da igualdade, contrária às diferenciações, encobre todas as formas de discriminação étnicas, sexuais, etárias e as provocadas por deficiências. Assim,

> (...) é fundamental que o multiculturalismo emancipatório (...) parta do pressuposto de que as culturas são todas elas diferenciadas internamente e, portanto, é tão importante reconhecer as culturas umas entre as outras, como reconhecer diversidade dentro de cada cultura e permitir que dentro da cultura haja resistência, haja diferença. (B.S. Santos 2001, p. 21)

Referindo-se à construção multicultural da igualdade e da diferença o autor diz que a igualdade, a liberdade e a cidadania são reconhecidas como

O deficiente no discurso da legislação 103

princípios emancipatórios da vida social. Dessa forma, a desigualdade e a exclusão só são reconhecidas como exceção ou como incidente no processo social. A desigualdade e a exclusão caracterizam duas maneiras de estar na relação social. A desigualdade implica uma hierarquização de todos os sujeitos no processo de integração social. A exclusão implica também uma hierarquização, mas não contempla todos os sujeitos: quem está embaixo está fora, está excluído. A desigualdade é um fenômeno socioeconômico. A exclusão é cultural e social, é um processo histórico pelo qual a cultura, por meio de um discurso de verdade/ciência, constitui o interdito e o exclui. O discurso científico/legal fixa o limite cuja transposição implica outro lugar. Assim, o além do limite é o lugar dos interditados, lugar do sujeito deficiente.

O discurso da ciência, organizado em disciplinas, institui os dispositivos de normalização que são, simultaneamente, qualificador e desqualificador dos sujeitos. A qualificação/desqualificação como sujeito deficiente consolida a exclusão e é a falta que faz avançar o limite e o empurra para o outro lugar, que justifica a exclusão. A exclusão da normalidade é assegurada por um conjunto de ritos sociais e normas legais que constituem, eles próprios, a exclusão. Os ritos sociais e as normas jurídicas asseguram uma memória histórica que constitui o enunciado sujeito deficiente como um enunciado *performativo*.

A qualificação/desqualificação como sujeito deficiente consolida a exclusão pela periculosidade na forma da suspensão de direitos que limitam o espectro de sua participação na sociedade, ao mesmo tempo em que previne os incômodos que ele pode causar para os outros. Isso se interpreta no discurso manifesto no artigo 8º, "Suspende-se o exercício dos Direitos Políticos", alínea I, "Por incapacidade física ou moral".[10]

A desigualdade e a exclusão na modernidade capitalista são controladas por mecanismos de regulação social. O dispositivo ideológico de combate à desigualdade e à exclusão é o universalismo. O universalismo é uma forma de "caracterização essencialista que, paradoxalmente, pode assumir duas formas na aparência contraditórias: o universalismo antidiferencialista que opera pela negação das diferenças e o universalismo diferencialista que opera pela absolutização das diferenças" (B.S. Santos 1999, p. 6). A negação das

---

10. Constituição Política do Império do Brasil, 1824, art. 8º, I.

diferenças no universalismo antidiferencialista se realiza por um princípio de homogeneização que anula as características identificatórias e impede a comparação, ao passo que a absolutização das diferenças pelo universalismo diferencialista se processa segundo a norma do relativismo que torna as diferenças incomparáveis. Assim, o universalismo antidiferencialista, ancorado na crença da necessidade de homogeneização, inferioriza pela semelhança, e o universalismo diferencialista inferioriza pela diferença. Tanto um dispositivo como outro "permitem a aplicação de critérios abstratos de normalização sempre baseados numa diferença que tem poder social para negar todas as demais ou para declarar incomparáveis e, portanto, inassimiláveis" (*ibidem*).

A desigualdade se apoia, paradoxalmente, no essencialismo da igualdade. As oportunidades de aprendizagem, de emprego, o "contrato de trabalho" são relações entre partes consideradas livres e iguais. A desigualdade põe em funcionamento a máxima liberal "todos são iguais perante a lei". É a desigualdade produzida pela igualdade que se resguarda no discurso da legislação. Vale, por oportuno, lembrar a afirmação do jurista Ruy Barbosa na sua obra *Oração aos moços* escrita em 1920: "Tratar com desigualdade a iguais ou, a desiguais com igualdade, seria uma desigualdade flagrante, e não igualdade real" (Barbosa 2004, p. 39). A igualdade consiste, pois, em considerar desigualmente os desiguais.

A exclusão se apoia no essencialismo da diferença. É a exclusão trazida à luz pelo discurso da diferença produzido na ciência que classifica, nomeia, define e indica procedimentos e que ganha amparo na lei. Ela pode ser encontrada nas diferentes formas de subordinação, rejeição, interdição presentes na legislação constitucional e nas diretrizes da educação. É o caso da "limitação da matrícula à capacidade didática do estabelecimento e seleção por meio de provas de inteligência e aproveitamento ou por processos objetivos apropriados à finalidade do curso";[11] da "(...) educação adequada às suas faculdades, aptidões e tendências vocacionais".[12] É também o caso de que "cada sistema de ensino terá, obrigatoriamente, serviços de assistência educacional que assegurem aos alunos necessitados condições de eficiência escolar";[13] de que a "educação de excepcionais deve, no que for possível,

---

11. Constituição da República dos Estados Unidos do Brasil, 1934, art. 150, § único, e.
12. Constituição dos Estados Unidos do Brasil, 1937, art. 129.
13. Constituição dos Estados Unidos do Brasil, 1946, art. 172.

enquadrar-se no sistema geral de educação, a fim de integrá-los na comunidade";[14] de que "cada sistema de ensino terá, obrigatoriamente, serviços de assistência educacional que assegurem aos alunos necessitados condições de eficiência escolar";[15] de que os "alunos que apresentem deficiências físicas ou mentais, os que se encontrem em atraso considerável quanto à idade regular de matrícula e os superdotados deverão receber tratamento especial, de acordo com as normas fixadas pelos componentes Conselhos Estaduais".[16] É ainda o caso do "atendimento educacional especializado aos portadores de deficiência, preferencialmente na rede regular de ensino";[17] e de que "entende-se por educação especial, para efeito desta Lei, a modalidade de educação escolar, oferecida preferencialmente na rede regular de ensino, para educandos portadores de necessidades especiais".[18]

Ao longo da história, grupos sociais, como os indígenas e os imigrantes, foram atingidos pelo processo de homogeneização cultural responsável pela descaracterização das suas diferenças. Outros grupos sociais, como os loucos, os deficientes, foram vitimados pelo processo de exclusão. Ambos os grupos foram objeto das políticas do universalismo antidiferencialista muitas vezes produzidas por normativas expressas em forma de lei. Pela assimilação das semelhanças e/ou pela negação das diferenças, o processo de homogeneização avança sobre as culturas.

O universalismo é apontado como um "dispositivo ideológico" de combate à desigualdade e à exclusão. Ele se constitui em princípio de regulação social no sistema de produção capitalista no sentido de manter sob controle a tensão entre os processos de desigualdade social e exclusão. A desigualdade social tem seu contraponto nas "políticas sociais do Estado Providência", e o processo de exclusão é combatido pelas "políticas cultural e educacional". Essas políticas de regulação dos processos de desigualdade e de exclusão social pelo Estado moderno foram implementadas por meio de medidas que oportunizaram às camadas populares o acesso aos bens de

---

14. Diretrizes e Bases da Educação Nacional, lei n. 4.024/61, art. 88.
15. Constituição da República Federativa do Brasil, 1967, art. 169, § 2º; Constituição da República Federativa do Brasil, 1969, art. 177, § 2º.
16. Lei de Diretrizes e Bases para o Ensino de 1º e 2º Graus, lei n. 5.692/71, art. 9º.
17. Constituição da República Federativa do Brasil, 1988, art. 208, III.
18. Lei de Diretrizes e Bases da Educação Nacional, lei n. 9.394/96, art. 58.

consumo (políticas de pleno emprego), a renúncia (pacto social, negociação de greve e perda da capacidade de reivindicação dos trabalhadores) e a reinserção social de criminosos e deficientes (B.S. Santos 1999).

Uma política social de regulação dos processos de desigualdade e de exclusão presente nas constituições e leis de diretrizes da educação é a ação assistencial do Estado brasileiro. Essa política é anunciada nas seguintes ações: "(...) estimular a obra educativa em todo o País, por meio de estudos, inquéritos, demonstrações e subvenções";[19] "cada sistema de ensino terá obrigatoriamente serviços de assistência educacional que assegurem aos alunos necessitados condições de eficiência escolar";[20] "a lei instituirá a assistência à maternidade, à infância e à adolescência";[21] "lei especial disporá sobre a assistência à maternidade, à infância e à adolescência e sobre a *educação de excepcionais*" e "cada sistema de ensino terá, obrigatoriamente, serviços de assistência educacional, que assegurem aos alunos necessitados condições de eficiência escolar";[22] "A assistência social será prestada a quem dela necessitar, independentemente da contribuição à seguridade social (...), A garantia de um salário mínimo de benefício mensal (...)".[23]

As políticas assistencialistas que representam o máximo da consciência que o Estado capitalista pode chegar no combate à desigualdade e à exclusão estão ameaçadas pelas transformações correntes nas formas de produção do capitalismo mundial. Essas mudanças instauraram uma profunda crise no Estado Providência. Os protagonistas dessa crise são a transnacionalização da economia, a diminuição da quantidade de trabalho humano necessário para a produção de mercadorias, a diminuição de postos de emprego, a mobilidade e o deslocamento dos processos de produção possíveis pelas tecnologias, a destruição ecológica, o desenvolvimento de uma cultura de massa orientada para o consumo, as alterações constantes nos processos produtivos (B.S. Santos 1999). Assim, o assistencialismo e as políticas sociais praticadas pelo Estado para combater a desigualdade e a exclusão estão ameaçados por estarem subordinados às políticas econômicas.

---

19. Constituição da República dos Estados Unidos do Brasil, 1934, art. 150, e.
20. Constituição dos Estados Unidos do Brasil, 1946, art. 172.
21. Constituição da República Federativa do Brasil, 1967, art. 167, § 4º, art. 169, § 2º.
22. Constituição da República Federativa do Brasil, 1969, art. 175, § 4º, art. 177, § 2º.
23. Constituição da República Federativa do Brasil, 1988, art. 203, V.

Uma rearticulação das políticas de igualdade e de identidade torna possível reconhecer que nem toda diferença é inferiorizadora e, por isso, a ideia de igualdade não se reduz a uma norma identitária. Desse modo, a construção multicultural da igualdade e da diferença implica reconhecer que "temos o direito a ser iguais sempre que a diferença nos inferioriza; temos o direito a ser diferentes sempre que a igualdade nos descaracteriza" (*idem*, p. 45). A identidade é um momento transitório no processo de identificação. Os sujeitos e os grupos sociais, no transcorrer do tempo, constroem diferentes identidades que, em certos momentos, podem ser complementares ou contraditórias. A primazia por uma identidade é determinada pelas circunstâncias próprias das culturas.

Normal e anormal, exclusão e inclusão do sujeito deficiente

O termo normal se naturalizou na língua popular vindo do vocabulário das instituições pedagógicas e sanitárias. Normal pode ser consequência de decisão exterior ou uma qualidade interna do objeto qualificado. No entanto, a normalização é constituída pela exigência da sociedade histórica de acordo com aquilo que ela julga ser necessário à sua manutenção, independentemente de haver consciência dos indivíduos. O que caracteriza um objeto ou um fato como normal, seja por norma externa ou interna, é o poder de ser tomado como ponto de referência em relação a objetos ou fatos que ainda esperam ser classificados. O normal adquire significado, função e valor social na existência de objetos e fatos que não correspondem à sua exigência (Canguilhem 2006).

O anormal é definido depois da definição de normal e é a negação deste. É a "anterioridade histórica do futuro anormal que provoca uma intenção normativa". O normal "é o efeito obtido pela execução do projeto normativo, é a norma manifestada de fato" (*idem*, p. 205). Em decorrência, há uma relação de negação/exclusão entre normal e anormal. Essa negação vem da concepção de que a desordem reclama sua interrupção para se tornar ordem, que o caos é a imagem da regularidade inexistente, que a instabilidade das coisas tem relação com a impotência do homem. Assim, não há paradoxo em dizer que o anormal, que é definido depois, é o primeiro a existir.

A questão da exclusão/inclusão tem uma dupla natureza, constitui uma pseudocategoria sociológica e formas de constituição de relações de poder. Do ponto de vista sociológico, a noção de excluído dilui a materialidade dos sujeitos constituídos historicamente, ou seja, os trabalhadores informais e desempregados, os índios, os deficientes perdem sua identidade e passam a fazer parte de um grupo disforme: os excluídos. Desse modo, o excluído perde sua unidade corpórea, ninguém está só excluído e ninguém está só incluído. Todos podem ser, de alguma maneira, excluídos-incluídos (Pinto 1999).

Medidas de exclusão e inclusão, como formas de exercício de poder, foram tomadas na Idade Média em relação aos leprosos e aos doentes da peste.

> A exclusão da lepra era uma prática social que comportava primeiro uma divisão rigorosa, um distanciamento, uma regra de não contato entre um indivíduo (ou um grupo de indivíduos) e outro. Era, de um lado, a rejeição desses indivíduos num mundo exterior, confuso, fora dos muros da cidade, fora dos limites da comunidade. (...) essa exclusão do leproso implicava a desqualificação – talvez não exatamente moral, mas em todo caso jurídica e política – dos indivíduos assim excluídos e expulsos. (Foucault 2002, p. 54)

Esse modelo de exclusão ainda está vigente na sociedade, mas está sendo substituído pelo modelo da inclusão. Enquanto o modelo da exclusão se caracteriza pelo afastamento, pelo desconhecimento, a inclusão é o modelo do conhecimento, do exame. A exclusão, dessa forma, é o poder que marginaliza, que pune, desqualificando jurídica e politicamente o sujeito/grupo. A inclusão pode ser vista como uma operação de ordenamento, de aproximação com o outro, para que aí se produza conhecimento sobre esse outro. Uma vez reconhecida alguma diferença, estabelece-se uma oposição: "o *mesmo* não se identifica com *outro*, que agora é um estranho" (Veiga-Neto 2001, p. 113). Como resultado dessa operação, que não é simétrica, estabelece-se uma diferença entre os dois conjuntos de propriedades constituintes dos dois sujeitos da díade e se manifesta como uma diferença nas relações entre *mesmo* e *outro*.

A discussão sobre inclusão passa necessariamente pela compreensão do processo que produziu a díade normal-anormal e pelo entendimento do conceito de normalidade. Esse entendimento remonta à necessidade de conhecer a "população" como fenômeno científico e político, surgida na segunda metade do século XVIII, como um novo corpo, um corpo multiforme sobre o qual haveriam de ser produzidos novos conhecimentos. Esses novos saberes médicos e judiciários, em que se cruzam a doença e o crime, são tidos como capazes de avaliar e evitar o risco que cada um corre de ser um anormal e o risco de conviver com um anormal.

O conjunto de normas que se materializam nesses saberes

> (...) permite tirar da exterioridade selvagem os perigosos, os desconhecidos, os bizarros – capturando-os e tornando-os inteligíveis, familiares, acessíveis, controláveis; ela [a norma] permite enquadrá-los a uma distância segura a ponto de que eles não se incorporem ao mesmo [ao normal]. Isso significa dizer que, ao fazer de um desconhecido um conhecido anormal, a norma faz desse anormal mais um caso seu. (*Idem*, p. 115)

Dessa forma, o anormal está na norma, é previsto nela, julgado e encaminhado por ela, e seu segmento é desdobrado em uma variedade de tipos e subtipos. O normal também está na norma; no entanto tende a se concentrar em um tipo único. Assim, tendo em mente o debate em torno das vantagens e desvantagens de reunir no mesmo espaço escolar os normais e os anormais, a inclusão pode funcionar como um dispositivo de equalização potencialmente capaz de deslocar a norma para outro ponto.

A dominação pela pura e simples exclusão é possível em sociedades organizadas sob rígidos preceitos jurídicos, hierarquia e obediência. Nesse caso, os sujeitos rejeitados podem ser simplesmente excluídos sem representarem uma ameaça à ordem (dos incluídos). Esse mecanismo, entretanto, resiste nas sociedades onde os nós do tecido social não são amarrados pela força, mas pela diversidade de interesses. Esse é um exemplo típico de substituição do modelo de exclusão pelo modelo de inclusão (Pinto 1999).

Do exposto no capítulo compreendemos que há processos de identificação em movimento permanente de reconstrução e ressignificação de acordo com os lugares móveis de significar que cada sujeito desempenha na organização social. O habitar nas fronteiras, em que as culturas transbordam, produz certo apagamento das diferenças identitárias. Esse entrelugar é o terreno que exprime a relação entre as subjetividades e a zona de articulação das diferenças culturais. É o lugar da angústia, da luta, da instabilidade; lugar de permanente tensão em que se processa a liturgia que constitui os (novos) sentidos e sujeitos.

PARTE III
OS SENTIDOS NO DISCURSO SOBRE O SUJEITO DEFICIENTE

5
EFEITOS DE SENTIDO NO DISCURSO
LEGISLATIVO SOBRE O SUJEITO DEFICIENTE

A análise da materialidade linguística constitutiva do *corpus* discursivo do estudo é o objeto deste capítulo, que objetiva interrogar os efeitos de sentido do discurso da legislação educacional brasileira considerando como base suas condições sócio-históricas e ideológicas de produção. A construção do *corpus* já recebeu um primeiro tratamento de análise que Orlandi (2002) chama "de-superficilização". O trabalho analítico, a rigor, já começou no momento em que estabeleci os contornos, os recortes, a transformação da superfície linguística em materialidade discursiva. Daqui para frente, o procedimento de ir e vir entre a teoria e o *corpus* discursivo tornar-se-á ainda mais frequente. A análise, de natureza linguístico-enunciativa, é focada para a relação das formações discursivas com a formação ideológica. O pressuposto analítico se exerce na consideração de que no intradiscurso – no fio do discurso – há marcas linguísticas que fornecem pistas acerca do funcionamento do interdiscurso.

A designação do sujeito

A legislação educacional produzida sobre o sujeito deficiente compreende artigos das constituições brasileiras, artigos das leis de diretrizes

O deficiente no discurso da legislação   113

e bases da educação, leis complementares, decretos, portarias, resoluções, pareceres. Além da legislação que é produzida em níveis nacional, estadual e municipal, o Brasil é signatário de documentos internacionais como declarações, convenções, cartas, resultantes de acordos entre países. A quantidade de textos que legislam sobre o sujeito deficiente no país é vasta. A propósito dessa extensa legislação, valho-me de um fragmento da obra *Do rigor da ciência*, de Jorge Luis Borges:

> Naquele Império, a arte da Cartografia chegou a tal perfeição que o mapa de uma só província ocupava toda uma cidade, e o mapa do Império toda uma província. Com o tempo, esses mapas desmesurados não satisfizeram, e os Colégios dos Cartógrafos levantaram um Mapa do Império que tinha o tamanho do Império e coincidia ponto por ponto com ele. Menos dedicadas ao estudo da Cartografia, as próximas gerações entenderam que esse dilatado mapa era inútil e não sem impiedade o entregaram às inclemências do sol e dos invernos. Nos desertos do Oeste perduram despedaçadas as ruínas do mapa, habitadas por animais e por mendigos; em todo o país não há outra relíquia das disciplinas geográficas. (*Apud* Pozo 2002, p. 41)

Essa metáfora procura mostrar a inutilidade do excesso. O saber é sempre incompleto e o conhecimento pleno é inatingível – "tudo não pode ser dito", como afirmam Gadet e Pêcheux (2004, p. 32). O recobrimento do sujeito deficiente pelo excesso de dizer, sempre incompleto, da legislação tenta produzir uma interdição da sua possibilidade de significar.

Analisar o discurso sobre o sujeito deficiente produzido pela legislação educacional brasileira demanda ultrapassar a sequência linguística fechada em si e referi-la ao conjunto de discursos possíveis tendo presentes suas condições de produção. Para a análise de discurso, a materialidade discursiva comporta a linguagem e o silêncio como linguagem que significa. O silêncio não fala, significa. Por isso, como forma significante, o silêncio tem sua materialidade. O silêncio antecede, atravessa e sucede a palavra. Ajuda a palavra a significar e a movimentar os sentidos. O silêncio não é o vazio, o nada; ao contrário, tem possibilidades de movimentar sentidos, por intervir na relação do sentido com o imaginário e na relação da língua com a ideologia.

O sujeito deficiente foi nomeado/constituído com base no divino, no biológico, na moral, no comportamento. A discursividade produzida por essas concepções, e que é objeto de minha apreciação, sempre passou ao largo do sujeito deficiente. O *a priori* e o imanente constituíram e fixaram os sentidos acerca do sujeito deficiente e procuraram interditar seu lugar de significar. Com essa maneira de exercer o poder, a sociedade produziu um discurso sobre o sujeito deficiente que não passou por ele, mas que retorna sobre ele. Ou seja, o discurso é formulado com base em uma representação social referente à deficiência e retorna sobre o sujeito deficiente, que participa da relação de construção desse discurso do lugar próprio de significar que lhe é designado.

O sujeito deficiente percorreu seu percurso histórico pela via marginal. As diferentes formas de relação caracterizadas nos paradigmas da negação, da segregação e da integração são evidências de que ele nunca foi enquadrado em nenhum modelo de homem que as diversas culturas estabeleceram como adequado nos seus diferentes momentos de desenvolvimento histórico. Atualmente, as concepções de inclusão, educacional e social, fazem surgir projetos pedagógicos e programas assistencialistas destinados a promover o sujeito deficiente à condição de sujeito cidadão. A linha de ação da Declaração de Salamanca (1994) inspira-se no princípio de inclusão e no reconhecimento da necessidade de educação para todos. Isso implica que as escolas inclusivas reconheçam as diferenças, atendam às necessidades de cada um e promovam a aprendizagem e o desenvolvimento de todos.

Esse discurso da inclusão submetido à análise pode revelar sentidos outros presentes nos seus enunciados. Por isso, para a análise de discurso, a enunciação de uma mesma materialidade linguística pode, em diferentes condições, gerar diferentes efeitos de sentidos. As palavras não possuem um sentido único. O sentido se movimenta e não é transparente. O discurso refere-se a um conjunto de relações que se estabelecem nos momentos anteriores e no momento de sua produção e também aos efeitos gerados após sua enunciação (Pêcheux 1990a, 1990b, 1997a). Assim, o discurso "educação para todos", enunciado na Conferência Mundial das Nações Unidas em Jomtien (1990), foi produzido para fazer frente a uma situação que é antiga, mas que permanece atual: a precariedade da educação nos países chamados atrasados e seus desdobramentos futuros. Além do interesse que possa existir no atendimento das necessidades essenciais das populações, há também o interesse de governos que veem, nas formas de *apartheid* entre as nações e dentro delas, soluções de permanência de seus dirigentes e de suas práticas. O discurso também realiza uma homogeneização de "todos", um apagamento das diferenças, e o que possibilita uma mesma educação comum para todos é da ordem da economia.

O sujeito deficiente é historicamente falado pelo discurso da exclusão. O enunciado "anormal" que vigorou até 1939[1] (Würth 1975) designava deficientes todos os que pelos critérios de inteligência, atenção, memória se parecessem inferiores aos de sua idade. Para definir anormal, Jannuzzi (2004, p. 44) recorre a Basílio de Magalhães, que, em 1913, remetia à parada do desenvolvimento das faculdades intelectuais, morais e afetivas, que poderia vir acompanhada de "perturbações motoras ou perversão dos instintos". Noutra caracterização, aquele autor referiu-se à anormalidade de inteligência como uma "enfermidade, inata ou não, dos centros nervosos, provocando transtornos no desenvolvimento mental e impossibilitando os indivíduos por ela acometidos de se adaptarem ao meio em que vivem".

Essa designação do sujeito deficiente como anormal baseada em um conjunto de características vinculantes impõe-lhe um silenciamento, uma interdição do seu dizer. Essa censura do dizer tenta efetivar-se na discursividade do especial – atendimento especial, pessoa especial, educação especial. Isso implica uma ruptura unilateral da relação que exclui, não havendo reconhecimento do interlocutor como sujeito legítimo da relação.

O sentido do discurso se produz na fronteira das diferentes formações discursivas em relação e foge à compreensão do locutor. O sentido é obtido pela interpretação da materialidade linguística que vai dar visibilidade ao mecanismo de funcionamento da relação língua-ideologia (Orlandi 2003). Assim, o sentido e o sujeito da inclusão estão sendo ditos por um discurso de exclusão. Ao fixar, pela legislação e pelas políticas de atendimento, toda uma gama de procedimentos específicos e especiais, a sociedade demarca um lugar de onde o sujeito deficiente pode enunciar. Esse lugar é a deficiência. O lugar de onde o sujeito deficiente pode significar não é reconhecido como um lugar simbólico de constituição do sujeito e é

---

1. Embora tenha havido a decisão de substituir a designação "anormal", ela ainda permanece nos discursos, porque essa história não é linear.

preenchido por uma normatização oficial. O discurso legal diz o que é deficiência, o que deve ser feito, como deve ser feito e quem deve fazer, sem passar pelo sentido e pelo sujeito da deficiência. A Política Nacional de Educação Especial (1994, p. 7), na sua apresentação, deixa evidente esse entendimento ao se autodefinir como

> (...) a ciência e a arte de estabelecer objetivos gerais e específicos, decorrentes da interpretação dos interesses, necessidades e aspirações de pessoas portadoras de deficiências, condutas típicas (problemas de conduta) e de altas habilidades (superdotados), assim como de bem orientar todas as atividades que garantam a conquista e a manutenção de tais objetivos.

Esse discurso identifica, classifica e orienta/determina as atividades a que o sujeito deficiente será submetido. É um discurso feito sobre o sujeito deficiente, que ocupa e preenche o espaço em que ele significa. Fala do lugar do sujeito deficiente, fala por e fala sobre ele. Fala como o representante do sujeito deficiente legitimado pela verdade da ciência e pela autoridade da lei. Assim, ocupando seu espaço, tenta interditá-lo e impedir que ele fale. Significa por ele. O discurso sobre a deficiência abre e ao mesmo tempo fecha e consolida um espaço de enunciação em que tenta impedir o sujeito deficiente de significar, mas autoriza os outros, como o Estado, os profissionais, a significar por ele. O discurso desses mediadores vai produzir sentidos e constituir os sujeitos, nesse caso o sujeito deficiente. Desse modo, falar sobre implica o silenciamento do sujeito deficiente.

A discussão sobre a ideologia no vínculo existente entre a construção do sentido e a constituição do sujeito, produzida por Pêcheux (1997a), assenta-se na figura da interpelação: fala-se do/sobre o sujeito, fala-se para o sujeito antes que ele fale. Assim, é a coletividade, como entidade preexistente, que impõe a marca ideológica sobre cada sujeito. Para a teoria do discurso, o sujeito é um efeito-sujeito. Isto é, o sujeito do discurso identifica-se com a formação discursiva que o constitui. Essa identificação baseia-se no fato de que os elementos do interdiscurso, ao serem retomados pelo sujeito do discurso, acabam por constituí-lo. O indivíduo, interpelado pela ideologia, é produzido sujeito. O sujeito não está jamais pronto. As condições de produção sociais, históricas e ideológicas inscritas na materialidade da linguagem e na relação desta com o sujeito produzem o efeito-sujeito, o sujeito deficiente, identificado com tais condições.

A concepção de sujeito deficiente, formulada com base na teorização discursiva, realiza um deslocamento da concepção fixista do sentido à irredutibilidade do divino, do biológico, do moral, do comportamental. Com esse deslocamento, o sujeito deficiente assume um lugar de onde vai significar com sua falta. Podendo significar, o sujeito deficiente ingressa no processo de relação linguagem-sujeito de produção contínua de si e do outro. A teorização discursiva não nega a falta, mas não reduz o sujeito deficiente à falta e, não reduzindo, não exclui. Reconhecer a falta, seja ela orgânica, intelectual ou comportamental, implica considerar o lugar de onde o sujeito deficiente pode significar o simbólico e ter uma posição de autoria/função autor. Autor é uma das posições assumidas pelo sujeito no discurso. O sujeito-autor é quem assume um lugar de significar, uma função social de organizar e se responsabilizar por uma determinada produção dando-lhe a aparência de unicidade.

O silêncio, como dito acima, não é o nada de significação, nem o sem sentido; assim também a falta representada pela deficiência significa e, como o silêncio, é constitutiva. A falta não comparece no discurso da legislação sobre o sujeito deficiente como lugar discursivo, como lugar de possibilidade, como espaço simbólico de constituição de sentidos e dos sujeitos. Seu lugar é preenchido por um dizer que se expressa na forma de classificações, definições e princípios que limitam a capacidade de significar e retêm a movimentação dos sentidos e do sujeito deficiente.

Ao preencher a falta do sujeito deficiente com o sentido da moral social, impede-se de fazer trabalhar o não sentido que a falta gera ao sujeito afetado por ela. Isto é, a sociedade preenche o não sentido da falta com sentidos da moral e da ciência que ela produz para seu bem-estar (Orlandi 1989). A falta é preenchida pela sociedade por meio do gesto de interpretação dos discursos da ciência e da moral que ela produz, na forma de um discurso sobre o sujeito deficiente. Para a teoria discursiva, a imposição da literalidade, o muito cheio do discurso (Orlandi 1993), diminui a chance de profusão de sentidos. A saturação, a indeterminação, a falta da falta cerceiam a paráfrase, a metáfora, o desejo de dizer, o movimento dos sentidos e dos sujeitos.

118 Papirus Editora

Na perspectiva psicanalítica, os efeitos da linguagem introduzem a falta como um elemento estruturador da subjetividade. Ela afirma a preponderância do simbólico sobre a realidade e admite que o simbólico só possa significar pela falta. O desejo vai significar por ser falta; ele nasce, portanto, da possibilidade da falta. Assim, a falta permite a manifestação do desejo, do possível. A falta é estruturante na medida em que possibilita ao sujeito pensar, criticar, resistir, ter a ilusão da autonomia.

A concepção discursiva de linguagem adotada pela teoria discursiva ajuda a compreender o discurso sobre o sentido e o sujeito deficiente. A linguagem pode ser concebida como instrumento de comunicação. E, como instrumento de comunicação, implica procedimentos teóricos e metodológicos específicos e pressupõe que já existam linguagem e sujeito. Concebida como instrumento de interação que pressupõe linguagem e sujeito em processo de construção recíproca, a teoria discursiva admite que nem a linguagem nem o sujeito estão prontos; eles se constroem na processualidade de suas relações.

O discurso, nessa perspectiva, é menos transmissão de informação e mais efeito de sentidos entre os locutores, parte do funcionamento social. A análise de discurso procura ver no discurso essa relação com a exterioridade que o constitui, ou seja, as condições de produção, as quais compreendem o sujeito e a situação. O contexto imediato e o contexto sócio-histórico, ideológico e também a memória fazem parte das condições de produção. Os sentidos, portanto, não estão apenas nas palavras, no enunciado; são também encontrados na relação com a exterioridade, nas condições em que eles são produzidos. Os sentidos são produzidos com o que é dito no enunciado, com o que foi dito em outros lugares, com o que não foi dito e com o que poderia ter sido dito e não foi. Desse modo, "as margens do dizer, do texto, também fazem parte dele" (Orlandi 2002, p. 30).

Com base nessas concepções de funcionamento do discurso, chega-se à noção de sujeito da linguagem, menos formal, menos idealista. O sujeito da linguagem não é o sujeito-em-si, o sujeito imanente. É o sujeito produzido socialmente. Pensar que nós somos a origem do sentido do que dizemos constitui uma ilusão discursiva, uma vez que o indivíduo é interpelado em sujeito pela ideologia (Pêcheux 1997a). Dessa maneira, os sentidos que nós produzimos não nascem em nós; eles são produtos das relações sociais, históricas, ideológicas, das condições de produção.

Para a discussão do processo de produção discursiva dos sentidos e do sujeito deficiente, conforme nosso objetivo, convém esclarecer a escolha do termo deficiente. Um fator que encaminha a escolha tem relação com a recorrência do termo no *corpus* constituído para análise, nas demais legislações produzidas nas esferas nacional, estadual e municipal e, também, no uso cotidiano da expressão feito pela sociedade. Outro fator da escolha resulta do entendimento de que o discurso que é feito sobre o sujeito deficiente não passa sempre pelo termo deficiente. Mas, por deslocamentos do significante, outros termos, como anormal, excepcional, portador de deficiência, portador de necessidades especiais, também frequentes no recorte analisado, podem assumir a função de significar de forma semelhante.

A produção da legislação é contingenciada por fatores de ordem histórica, política, social e econômica. A lei regula a vida dos sujeitos. Obriga, proíbe, inclui, exclui, ameaça. Redigida na terceira pessoa do singular, a lei é genérica, parece neutra, inspirada na consciência nacional e destinada a promover a ordem e o desenvolvimento, não parecendo ser escrita por pessoas históricas, pertencentes a formações ideológicas que defendem diferentes ideias de ordem e desenvolvimento (Oliveira Fávero 2001).

A lei, o preceito legal e o componente ideológico entram na formação da identidade do sujeito e dos sentidos e se exercem no e pelo sujeito. Ela visa estabilizar os sentidos e produzir efeitos previsíveis, assegurando a reprodução social. Na formulação dos fundamentos teóricos de sua teoria materialista do discurso, Pêcheux (1997a) adverte que é incorreto situar, de um lado, o que contribui para a reprodução e, de outro lado, o que contribui para a transformação das relações de produção. Ele admite o caráter contraditório de todo modo de produção social, num processo de reprodução/transformação que se baseia numa divisão em classes. A ideologia não funciona como um mecanismo fechado e sem falhas. A língua não é um sistema homogêneo assegurado por regras infalíveis. Isso possibilita que os sentidos, os sujeitos, as identidades, a ilusão de completude se desloquem de seus lugares de significação na rede de filiações ideológicas.

A língua não é exterior ao "indivíduo" e não pode ser vista como mais uma instituição. Língua e instituições guardam uma relação direta entre si. Também há uma relação necessária entre o discurso e o lugar de onde é enunciado, impondo que para sua análise se faça referência ao interdiscurso.

Isso ocorre porque a língua, como materialidade dos discursos, é atualizada a cada forma discursiva pela influência das novas condições de produção de sentidos e de sujeitos (*idem*). Assim, a produção de outros sentidos possíveis e do equívoco não encontra espaço na literalidade nem na transparência da linguagem, mas sim nas relações do sujeito com a ideologia. Isso permite observar, no movimento da língua, pela paráfrase e pela polifonia, no *corpus* da legislação retido/constituído para o estudo, como foram sendo construídos os sentidos e constituído o sujeito deficiente. No processo de subjetivação do sujeito deficiente, as formas discursivas de designação reportam às condições sócio-históricas e ideológicas de produção.

O que um nome ou uma expressão vai designar é resultado de uma construção simbólica. Essa construção ocorre porque o funcionamento da língua está exposto ao real constituído pela história. Designar "é construir significação como uma apreensão do real, que significa na linguagem na medida em que o dizer identifica este real para sujeitos" (Guimarães 2005, p. 91). O processo de identificação é igualmente um processo de subjetivação. A designação com um nome identifica o indivíduo como um sujeito numa sociedade. Dessa forma, ao receber um nome, o sujeito vai se ver identificado consigo mesmo. Assim, "a particularização de alguém que se faz por seu nome é possível porque o nome, no processo enunciativo, identifica alguém, por este nome" (*ibidem*). O simbólico como uma construção social

> (...) faz irrupção diretamente no corpo, as palavras tornam-se peças de órgãos, pedaços do corpo esfacelado que o "logófilo" vai desmontar e transformar para tentar reconstruir ao mesmo tempo a história do seu corpo e a língua que nele se inscreve: essa "loucura das palavras", que pode desembocar na escrita (...), na poesia (...) ou na teoria linguística, persegue sem trégua o laço umbilical que liga o significante ao significado, para rompê-lo, reconstruí-lo ou transfigurá-lo. (Gadet e Pêcheux 2004, p. 45)

As formas de designação do sujeito deficiente vão, como se percebe, ao longo do tempo, tornando-se mais pregnantes. A evidência do sentido de sujeito deficiente se constitui pela interpelação ideológica que o inscreve em uma formação discursiva, e isso se realiza na sociedade pela forma de sujeito de direito. O sujeito é, assim, determinado pela língua e pela história. A posição que ele deve e pode ocupar para ser sujeito do seu dizer é constituída pelos efeitos do simbólico. Desse modo, a posição de sujeito do discurso, a posição de sujeito deficiente, provém da exterioridade, do interdiscurso que o constitui.

O sentido primeiro de sujeito, surgido no século XII, refere-o como "submetido à autoridade soberana", ou seja, a sujeição ao texto e ao dogma, à ideologia religiosa. A dominação do sujeito pelo discurso religioso foi abalada a partir do século XVI quando o sujeito tomou o sentido de "pessoa que é motivo de algo, pessoa considerada em suas aptidões" (Haroche 1992, p. 158). Com a diminuição do poder da Igreja, o Estado fez avançar o poder jurídico introduzindo uma profunda mudança na relação de dominação do sujeito pelo Texto e pela Palavra (Deus), para acentuar sua dependência às palavras e aos textos (Lei). Desse modo, com a emergência do sujeito de direito, aconteceu outra forma de assujeitamento: "forma plenamente visível de autonomia" (Pêcheux 1997a).

"Cidadãos brasileiros"

O processo de interpelação ideológica, realizado pela língua e pela história, que constrói sentidos e constitui o sujeito deficiente, pode ser notado no discurso legislativo produzido pelo Estado e pela sociedade que é tomado para esta análise. A Constituição Política do Império do Brasil inaugura a construção do discurso sobre o deficiente que intervém na processualidade do seu assujeitamento, isto é, na sua migração para o interior ideológico de uma formação discursiva.

A Constituição outorgada pelo imperador Dom Pedro I, em 1824, reflete suas condições de produção, ou seja, as circunstâncias de enunciação e o contexto sócio-histórico e ideológico. Também reflete a séria crise econômica e política vivida naquele momento. O discurso constitucional, o enunciado "cidadãos brasileiros",[2] contém marcas linguísticas que ajudam

---

2. Constituição do Império do Brasil de 1824, art. 6º.

a compreender qual o entendimento que o Estado tinha de cidadania. "Cidadãos brasileiros" nomeia todos os que tiverem nascido no país, inclusive o sujeito deficiente, pressuposto no enunciado. Na categoria enunciada por "cidadãos brasileiros", está implícita, não dita, a nomeação do sujeito deficiente que não pode ser designado naquele momento. Ele será designado e irá significar por meio do silêncio e da falta, dentro de outras categorias de sujeito, como na criação de instituições para seu atendimento. No texto da Constituição, o enunciado "cidadãos brasileiros", por uma análise enunciativa, indica diferentes sentidos. Guimarães (1996), analisando segmentos discursivos, faz trabalhar esses sentidos. Esse autor observa que no artigo 6º – "São cidadãos brasileiros" – e no artigo 179 – "A inviolabilidade dos Direitos Civis e Políticos dos cidadãos brasileiros (...)" –, a palavra "cidadãos" e a determinação "brasileiros" não aparecem separadas.

O item I do artigo 6º declara que são cidadãos brasileiros "Os que no Brasil tiverem nascido, quer sejam ingênuos ou libertos, ainda que o pai seja estrangeiro, uma vez que este não resida por serviço de sua Nação". O lugar de nascimento, a nacionalidade, é colocado como condição qualificadora de cidadania. O "os" de "Os que no Brasil tiverem nascido (...)", questiona Guimarães, é anáfora[3] de quê? O "os" não pode ser anáfora de cidadãos brasileiros. Ele explica que "a anáfora toma como antecedente do anafórico o termo que, no decorrer de todo o texto, só aparece com a determinação, não incluindo, no entanto, a determinação. O funcionamento da anáfora desfaz a determinação" (1996, p. 40). No presente caso, a anáfora significa a categoria do cidadão, embora no texto constitucional signifique a categoria cidadão brasileiro. O autor trabalha uma alternativa de interpretação em que "o os [é] interpretado como dêitico".[4] Nesse caso o "os" refere-se aos cidadãos como indivíduos, pessoas, não como cidadãos.

---

3. Anáfora é o elemento linguístico cuja referência não é independente, mas ligada à de um termo antecedente (Neves 2003).

4. Dêixis é a propriedade que têm alguns elementos linguísticos, como pronomes pessoais e demonstrativos, de fazer referência ao próprio discurso, em vez de serem interpretados semanticamente por si sós. Daí o "os" ser interpretado como dêitico (Neves 2003).

Pela interpretação anafórica de "os", cidadão é um efeito de préconstruído que comparece ao texto constitucional para identificá-lo com o discurso liberal. Nesse discurso, não seria admissível enunciar: "Os escravos não são cidadãos". Entretanto, o texto da Constituição é feito de uma posição discursiva tal que pode incluir enunciados como: "Os escravos não são cidadãos brasileiros". Isso é possível pelo *efeito de sustentação* de "quer sejam ingênuos ou libertos", que, uma vez expresso, significa que o texto quis omitir a existência da escravidão no país (Guimarães 1996).

O artigo 179 estabelece que "A inviolabilidade dos Direitos Civis e Políticos dos cidadãos brasileiros que tem por base a liberdade, a segurança individual e a propriedade é garantida pela Constituição do Império (...)". Os termos desse enunciado refletem a fina sintonia com a modernidade do pensamento político-filosófico hegemônico na época: o liberalismo. Inviolabilidade de direitos com base na liberdade, na segurança individual e na garantia da propriedade aparece, paradoxalmente, como princípio constitucional em um país com economia baseada na mão de obra escrava, com direitos civis e políticos restritos e direitos sociais inexistentes.

O item XIII desse artigo enuncia que "A lei será igual para todos, quer proteja, quer castigue, e recompensará em proporção dos merecimentos de cada um". Ao formular que "A lei será igual para todos", ele realiza um apagamento da existência de diferenças constitutivas dos lugares distintos: não existem sujeitos diferentes. O não dito sustenta o dito. O apagamento das diferenças se produz e reproduz sob efeito do ideário da ideologia liberal da valorização e da liberdade individual. O item XVIII desse mesmo artigo, "Organizar-se-á, o quanto antes, um Código Civil e Criminal fundado nas sólidas bases da Justiça e Equidade", reforça a vinculação do texto constitucional ao ideário liberal de distribuição de justiça e igualdade. Desconsidera a existência de diferenças de diversas ordens e não deixa evidente o interesse em que isso aconteça, porque não fixa um prazo para a organização de um Código Civil e Criminal. A sentença "o quanto antes" não dá positividade, objetividade.

Ainda no artigo 179 da Constituição Imperial do Brasil de 1824 é enunciado no item XXXII que "A instrução primária é gratuita para todos os cidadãos". Já vimos que a interpretação anafórica traz o cidadão como um efeito de pré-construído do discurso liberal. Desse modo, há uma enunciação de cidadão que está fora do texto legal, pois nele não é mencionado quem vai fornecer a instrução primária gratuita, se o setor público, o setor privado ou ambos. Pode-se, assim, inferir que o Estado Imperial não assumiu a instrução para a população.

O sujeito deficiente, que nesse momento ainda é bastante desconhecido pela ciência, está pressuposto na categoria "cidadãos brasileiros" por um efeito de pré-construído do discurso liberal. A legislação vai nomeá-lo na Lei de Diretrizes e Bases da Educação Nacional, lei n. 4.024 de 1961, passados 137 anos da outorga da primeira Constituição do Brasil, mais exatamente no título X dessa lei, que trata "Da educação de excepcionais" em seus artigos 88 e 89.

Isso não quer dizer que, durante esse tempo, o sujeito deficiente não tenha (sido) significado. O sujeito deficiente foi enunciado/pressuposto e, portanto, significou de outros lugares, com outras designações, como "cidadãos brasileiros" na Constituição Imperial de 1824; como "mendigos e analfabetos" na Constituição Republicana de 1891; como indicado para receber uma "(...) educação adequada às suas faculdades, aptidões e tendências vocacionais" na Constituição de 1937; e como "alunos necessitados" na Constituição de 1946. Foi significado também por ocasião da criação de instituições apropriadas para seu atendimento, como o Imperial Instituto dos Meninos Cegos em 1854 e o Instituto dos Surdos-Mudos em 1856.

O sujeito deficiente pressuposto nos enunciados das leis e nos intervalos entre elas nunca deixou de significar, pois o fazia pelo silêncio. A ideia de espaço, para o movimento do sentido e do sujeito, não significa transparência do silêncio. O espaço do silêncio não é vazio. O silêncio, o fora da língua, não é o nada. O silêncio é matéria significante. "O silêncio é fundante", diz Orlandi (1993, p. 33), e acrescenta: "Na perspectiva que assumimos, o silêncio não fala. O silêncio é. Ele significa. Ou melhor: no silêncio, o sentido é". O silêncio tem sua materialidade; logo, se tentarmos traduzi-lo em palavras, transpô-lo para outra materialidade, haverá deslizamento de sentidos e a constituição de outros efeitos.

Ao compreender o silêncio como materialidade significante, a autora faz uma ruptura com a mística da relação silêncio-nada, como em Érico Verissimo (1994): *O resto é silêncio*. Os modos de existência do silêncio são múltiplos: silêncio das emoções, da contemplação, da resistência, do poder, da derrota, da vitória. Como, então, compreender o silêncio? Para compreendê-lo é necessário tornar "precisa a perspectiva da qual estamos falando: a perspectiva discursiva que se define pelo fato de que a noção de discurso supõe a suspensão da dicotomia estrita língua-fala" (Orlandi 1993, p. 45).

São concebidas duas formas de silêncio: silêncio fundador e política do silêncio. O silêncio fundador é aquele necessário para a produção dos sentidos. Sem ele haveria o "muito cheio" da linguagem e não haveria sentido. "É o silêncio que existe nas palavras, que as atravessa, que significa o não-dito e dá um espaço de recuo significante, produzindo as condições para significar" (Orlandi 2001, p. 128). Na política do silêncio, há o silêncio constitutivo e o silêncio local ou censura. O silêncio constitutivo indica que "para dizer é preciso não dizer", ou seja, um dizer apaga outros dizeres. O silêncio local ou censura alude à interdição, à proibição, ao apagamento de certos sentidos em determinada conjuntura. As duas formas de silêncio estão presentes nos discursos, mas funcionam de jeitos diferentes.

A noção de formação discursiva como matriz de sentidos que regula aquilo que pode e deve dizer, aquilo que não pode ou não deve ser dito numa determinada formação ideológica, aplica-se à forma de significar por meio do silêncio. Assim, a formação discursiva determina o que pode e deve ser silenciado e, do mesmo modo, o que não pode e não deve ser silenciado. Isso se observa na forma como foi enunciada a legislação constitucional em apreço.

O sujeito deficiente não fala nem na lei nem na criação de serviços de atendimento e assistência para ele, em nenhuma circunstância e de nenhuma forma. Ele significa pelo silêncio. Ele é falado, narrado, pensado, julgado. Ele é significado pelos profissionais, professores, legisladores, familiares. Sempre em/submetido ao silêncio. O discurso desses mediadores vai produzir sentidos e sujeitos. Dessa forma, o sentido e o sujeito cidadão brasileiro foram produzidos com o que foi dito pelo locutor constituinte no enunciado que nomeia quem são "cidadãos brasileiros", "os que no Brasil tiverem nascidos (...)"; com o que foi dito em outros lugares acerca de nacionalidade; e com o que poderia ser dito em relação à nacionalidade e à cidadania, ou seja, em referência ao exercício de direitos e deveres. Assim, a produção do sentido e a constituição do sujeito se efetivam pelo dizer e pelas margens do dizer, pelo silêncio e pelo silenciamento.

O discurso que fala/constitui o sujeito deficiente realiza os processos de objetivação e subjetivação. O processo de objetivação, por meio de mecanismos disciplinares, torna possível a produção do indivíduo moderno em um sujeito dócil e útil. Já o processo de subjetivação, por meio de práticas sociais, produz um sujeito submetido a uma identidade que lhe é atribuída como própria e com consciência de si. Assim, quando se fala em formas de objetivação e de subjetivação "é sempre em relação à constituição do indivíduo. Pensar, portanto, nos processos de objetivação é pensar em aspectos da constituição do indivíduo. Da mesma forma que pensar nos processos de subjetivação também é pensar em aspectos desta constituição" (Fonseca 1995, p. 24).

Ambos os processos concorrem na produção do sujeito preso a relações de produção e de significações. Os sentidos construídos e os sujeitos constituídos pelo discurso determinam o modo de relação na sociedade. Assim, o silêncio e a falta de significados com sentido de ausência constituem o sujeito deficiente.

Por que o sujeito deficiente não fala? "Porque é sujeito deficiente", poderíamos responder. Porque sabemos, porque está no nosso imaginário o que é ser um sujeito deficiente, seu significado, seu lugar, sua função. Pronto, estaria satisfeita a nossa dúvida. Como fez o Visconde ao responder à pergunta da Emília[5] dizendo que escuro era ar preto, satisfazendo, com isso, a curiosidade da menina (boneca humanizada).

Para compreender esse silêncio oculto na palavra e entre as palavras, será necessário percorrer os caminhos discursivos construídos pela religião, pela ciência, pela política e pelas práticas socioeducacionais. O silêncio pode ser compreendido com base no processo de censura instaurado pela Igreja que interditou o sujeito deficiente ao considerá-lo a encarnação do pecado, do erro, objeto de expiação de culpa, a censura divina. Essa censura se abateu também sobre a família e sobre a sociedade. Desse modo, família

---

5. Emília e Visconde são personagens de Monteiro Lobato (1997).

e sociedade são mobilizadas pelo sentido da falta que tenta produzir o apagamento do sujeito deficiente e colocá-lo no silêncio.

Na medida em que os segmentos sociais se constituem coletivamente, eles tensionam o estado de direito na busca de sua inclusão no discurso oficial. Assim sucede com os negros, com as mulheres, com os homossexuais. Nesses casos, o analista de discurso, na sua descrição e análise para a compreensão desses fenômenos sociais, trabalha com as enunciações que receberam sentidos pelo próprio segmento e dentro dele. No segmento dos sujeitos deficientes, os sentidos da deficiência são, em grande parte, significados pelos outros. O sujeito deficiente, mesmo em espaços de resistência, consegue narrar-se pela sua falta e pelo seu silêncio.

Seguindo a leitura dos discursos produzidos pela legislação educacional, observa-se que no enunciado "Não podem alistar-se eleitores (...)"[6] e são nomeados "Os mendigos; os analfabetos", entre eles está o sujeito deficiente. No enunciado que prevê a "seleção por meio de provas de inteligência e aproveitamento"[7] para obtenção de vaga, está também nomeado o sujeito deficiente entre os que têm restrição à matrícula. Na Carta de 1937,[8] o sujeito deficiente está nomeado entre os que terão "a possibilidade de receber uma educação adequada às suas faculdades, aptidões e tendências vocacionais". A responsabilidade do Estado pela educação, conforme essa lei, limita-se àqueles que não tenham recursos necessários à educação em instituições particulares.

Na Constituição de 1946,[9] o sujeito deficiente aparece nomeado como aluno necessitado no enunciado "Cada sistema de ensino terá obrigatoriamente serviços de assistência educacional que assegurem aos alunos necessitados condições de eficiência escolar". Nesse momento do processo de subjetivação do sujeito deficiente pelo discurso da legislação, aparece a oferta de assistência. Nesse caso, "assistência educacional" pode ser uma forma de atendimento educacional que prenuncia a educação especial. Pode também ser uma forma de medicalização da ação pedagógica

---

6. Constituição da República dos Estados Unidos do Brasil de 1891, art. 70.
7. Constituição da República dos Estados Unidos do Brasil de 1934, art. 150.
8. Constituição dos Estados Unidos do Brasil, art. 129.
9. Constituição dos Estados Unidos do Brasil, art. 172.

associada com a caridade e a beneficência. A assistência vai constituir-se como uma marca da presença do Estado na sua intervenção direta sobre o sujeito constituído como deficiente; a assistência que funciona como um "mecanismo de regulação social" (B.S. Santos 1999).

O sujeito deficiente é designado como "excepcional" no texto da lei n. 4.024/61.[10] É capturado pela malha discursiva de texto legal conforme a nomenclatura vigente. O gesto de nomeação (Pêcheux 1990a, 1990b) dá visibilidade a um sentido e produz um efeito de acréscimo. O enunciado "educação de excepcionais" está inscrito numa formação discursiva constituída por uma conjuntura política e ideológica de legitimação moral, social e humanização da educação, e aponta para a direção de um sujeito, o sujeito deficiente. A expressão ganha o sentido nessa formação discursiva em que é produzida; é aí que o "indivíduo" é interpelado em sujeito do discurso. O lugar, portanto, da construção do sentido e da constituição do sujeito é a formação discursiva. Nela o sentido ganha unidade e o sujeito adquire identidade (Pêcheux 1997a).

"Alunos necessitados", trazido pela Constituição de 1946, volta a ser a nomeação adotada pelas Constituições de 1967[11] e 1969.[12] "Excepcional", apresentado pela lei n. 4.024/61, também volta no enunciado que nomeia o sujeito deficiente na Carta de 1969.[13] O retorno e a manutenção da mesma nomeação indicam, nesses casos, não ter havido a participação da sociedade civil nem da comunidade científica no processo de elaboração da lei, pois já era corrente o uso de outra nomenclatura. É um dizer parafrástico que retorna aos mesmos espaços do dizer, isto é, diferentes formulações do mesmo dizer. Esse dizer parafrástico, em que os enunciados se repetem de forma literal e por paráfrase, não rompe com a memória instituída e retém os movimentos dos sentidos e dos sujeitos deficientes. Esse gesto de nomeação politicamente determinado significa que, mesmo ao trocar de nome, o sujeito não deixa de significar. O jogo com palavras vindas de formações discursivas distintas e com diferentes historicidades faz aparecer

---

10. Lei de Diretrizes e Bases da Educação Nacional.
11. Constituição da República Federativa do Brasil de 1967, art. 169.
12. Constituição da República Federativa do Brasil de 1969, art. 177.
13. Constituição da República Federativa do Brasil de 1969, art. 175.

o político e o histórico na língua. Assim, o sujeito deficiente nomeado "excepcional", "necessitado" não deixa de existir, de produzir sentido. A renomeação continua a produzir sentido.

Nesse processo histórico de constituição do sujeito deficiente pelo discurso da legislação, o enunciado da lei n. 5.692/71,[14] "Os alunos que apresentem deficiências físicas ou mentais (...) e os superdotados (...)", realiza um desdobramento da identificação genérica. Com esse desdobramento na nomeação do sujeito deficiente, a legislação realiza um isolamento que permite a comparação, a avaliação e, com isso, a classificação dos sujeitos. O trabalho de classificação revela o desejo de conhecer o outro, de torná-lo transparente, previsível, para que não possa representar surpresa e ameaça. Do ponto de vista da análise discursiva do silêncio, a ação de classificar o outro realiza um movimento de quebrar com o silêncio e ali fixar, encher o lugar de sentidos. A fixação de sentidos dá a ilusão de que o dizer limita a profusão de sentidos, ao passo que o silêncio pode gerar muitos sentidos.

A classificação representa também uma tentativa de não negar o outro, e sim fazê-lo conhecido; um procedimento de demarcação de suas características de identidade e de suas diferenças para torná-lo interpretável e passível de dominação. Fazer o sujeito pertencer a uma classe permite estabelecer diferenças entre os sujeitos que têm o mesmo pertencimento e aqueles que não têm. Essa diferenciação se baseia no reforçamento das semelhanças entre os componentes de um mesmo grupo e nas diferenças com/entre membros de grupos diferentes. A classificação justifica e hierarquiza as diferenças com o outro deficiente. As diferenças tornam-se materialidade de classificação a partir do momento em que o sujeito deficiente é constituído como "um objeto de estudo, uma área para desenvolvimento, um campo de ação" (Grigoletto 2002, p. 82). Assim, na medida em que se o coloca numa escala de classes que expressa seu grau de desempenho e de desenvolvimento biológico, psicológico e social, e que se indicam as atividades que ele poderá e deverá fazer, e onde, quando e quem poderá fazê-las, constrói-se uma discursividade que sobredetermina os sentidos e o sujeito deficiente.

---

14. Lei de Diretrizes e Bases para o Ensino de 1º e 2º Graus.

A nomeação do sujeito deficiente como "pessoa portadora de deficiência" é realizada pela Constituição de 1988.[15] Ela consagra uma nomeação corrente na época: portador de deficiência ou simplesmente deficiente. A associação do substantivo "pessoa" ao adjunto adnominal "portadora de deficiência" destaca o propósito do texto constitucional de marcar o caráter humano e digno do sujeito deficiente. Há nessa nomeação, considerando as condições de produção, uma movimentação do sentido e do sujeito deficiente. Essa movimentação ocorre porque existe alguma enunciação anterior que dá condições para que o nome exista, pois não há como enunciar senão dentro do contexto histórico. A designação, ao se instituir, "instala como lugar de estabilidade referencial um sentido pelo apagamento de outros. A política do sentido está, assim, na língua, a partir da constituição de sentidos da enunciação" (Guimarães 1996, p. 75).

A nomeação, ao referir o sujeito deficiente como a "pessoa", parece querer incluí-lo no espaço da cidadania como capaz de um comportamento "decente e ordeiro" (I.B. Oliveira 2002, p. 46) e, com essa designação, produzir um apagamento do sentido que o desqualifica como incapacitado para o exercício dos direitos e deveres. Isso foi possível porque as condições de produção da Carta Constitucional se fizeram em clima de abertura, ou seja, num momento histórico de afirmação da cidadania, que permitiu alargar as conquistas sociais. Essa tentativa de inclusão que a palavra "pessoa" carrega no discurso da Constituição de 1988 esbarra no termo seguinte da designação: "portadora". A palavra "portador" vincula-se à linguagem médico-sanitarista e tem o sentido de portar ou conduzir, trazer consigo ou em si, hospedar e transmitir algo nocivo que pode contagiar. Com esse efeito de sentido, a designação "portadora" atualiza uma memória associada a doença, dor, sofrimento, rejeição, morte. Em "portadora de deficiência", a designação "deficiência" é tomada pelo sentido de portadora, ou seja, de contagiosa. Dessa forma, o discurso legal conduz/mantém a rejeição/exclusão do sujeito deficiente na/pela sociedade.

Na lei n. 9.394/96,[16] os sujeitos deficientes são nomeados como "educandos com necessidades especiais", aparecendo também "educandos

---

15. Constituição da República Federativa do Brasil de 1988, arts. 203, 208 e 227.
16. Lei de Diretrizes e Bases da Educação Nacional.

portadores de necessidades especiais". Essa nomeação tem origem no Relatório Warnock (1978), em que a designação "necessidades educativas especiais" apareceu pela primeira vez, e na designação "portador de necessidades especiais" usada na Conferência de Salamanca (1994). No enunciado, a palavra "educando" remete, apropriadamente, ao atendimento educacional do sujeito deficiente para a esfera da educação. O "com", na designação "educandos com necessidades especiais", assume a condição da falta constitutiva do sujeito deficiente, a qual é inerente à deficiência. O retorno de "portadores" faz aparecer uma não coincidência do dizer a não existência de um só sentido do discurso (Authier-Revuz 1998). Reinscreve o "mesmo" na ordem do discurso. Uma repetição da ordem de uma "memória cheia, saturada" (Courtine 1999, p. 21), reconhecimento de que os enunciados fazem parte da mesma formação discursiva.

Vale a pena reforçar que o sujeito deficiente, o sujeito de direito constituído pelo jurídico, é distinto da noção empírica de indivíduo. O sujeito de direito tem materialidade na língua e se constitui em processos de relação conjuntas desta com a história e a ideologia. Ele é o efeito de uma estrutura social determinada. Assim, a forma-sujeito da sociedade atual corresponde a um sujeito livre e, ao mesmo tempo, submisso. Essa forma-sujeito "é capaz de uma liberdade sem limites e de uma submissão sem falhas: pode tudo dizer, contanto que se submeta à língua para sabê-la", indicando estar aí a base do processo de assujeitamento (Orlandi 2002, p. 51).

Haroche (1992) fala de um deslocamento das formas de assujeitamento. Identifica a emergência do sujeito de direito vinculada à emergência do Estado. O "sujeito religioso" estava totalmente submetido ao Texto, assujeitado às práticas e aos ritos religiosos. As transformações da economia a partir do século X fundamentaram o poder jurídico que se inscreveu no sujeito, constituindo-o em sujeito de direito responsável por si, com direitos e deveres. Um sujeito livre e submisso, assujeitado ao Estado que se refere a cada um e a todos ao mesmo tempo como iguais, tentando impedir que apareçam as diferenças.

A propósito dessa determinação do sujeito, Teixeira (2000, pp. 91-92) faz notar no seu texto que Pêcheux, nos seus últimos escritos, indicava a necessidade de um "deslocamento do simbólico para o real, da linguagem para a pulsão", e que esse deslocamento habilitaria o sujeito para, "no retorno ao simbólico, fazer um rearranjo de suas sobredeterminações, modificando, ainda que momentaneamente, a situação já dada, sendo esta a 'liberdade' possível para ele". Esse entendimento admite uma dupla inscrição do sujeito no discurso: como falado e como falante. No processo de constituir o sujeito, intervém o que é da ordem da lei e anterior ao sujeito na sua existência. Mas, nesse processo, sempre há falhas, equívocos e renovação linguística que incide sobre a linguagem legislada, que remetem para a "inclusão efetiva do sujeito no universo de significantes, no universo das significações possíveis" (*ibidem*).

A análise do *corpus* revela uma sobreposição de discursos político, médico, psicológico, pedagógico, significando e subjetivando o sujeito deficiente de distintas maneiras. Assim, alunos necessitados, excepcionais, pessoas portadoras de deficiência, educandos com necessidades especiais se substituem em posição parafrástica, significando a deficiência que significa o sujeito deficiente. A sobreposição dos enunciados, no entanto, não iguala os sentidos de alunos necessitados, de excepcionais, de pessoa portadora de deficiência, nem de educandos com necessidades especiais. Há, nesses casos, deslizamentos metafóricos decorrentes das condições de produção desses discursos que os tornam outros. "Aluno necessitado" surge e se reforça nas políticas assistencialistas/intervencionistas do Estado sobre a cidadania. "Excepcional" mostra a presença do discurso da medicina na construção do sentido e na constituição do sujeito deficiente. "Pessoa portadora de deficiência" e "educando com necessidades especiais" transparecem a relação simbiótica do discurso médico com o psicológico e com o pedagógico sobre o sujeito deficiente que se constitui no/pelo entrecruzamento desses discursos.

O *corpus* mostra diferentes formas de designar o sujeito deficiente. A variação atualiza-se pelo discurso da ciência e movimenta efeitos de sentidos qualificador/desqualificador que as designações constroem ao longo do tempo. As trocas frequentes de designações presentes no discurso da legislação produzem efeitos de sentido que dissimulam o processo de exclusão e esvaziam o lugar de significar que o sujeito deficiente pode ocupar. Também, a sobreposição e a alternância de designações vindas de discursos pertencentes a formações discursivas – discurso médico, discurso psicológico, discurso pedagógico – que se completam, se reforçam, se repelem fazem do espaço de constituição do sujeito deficiente um lugar em litígio.

De "no que for possível" a "preferencialmente"

Ao falarmos sobre determinado assunto, fazemo-lo de uma certa maneira. Poderíamos falar do mesmo assunto de outra maneira, mas nos esquecemos disso. Esse esquecimento é indicativo de que o dizer sempre pode ser outro. Pêcheux (1997a) afirma que nem sempre se tem consciência desse esquecimento, o qual dá a impressão de haver uma relação direta entre o pensamento, a língua e a realidade, fazendo acreditar que o que é dito de um jeito só pode ser dito desse jeito e não de outro. Esse, o "Esquecimento n. 2", é da ordem da enunciação e comprova que a sintaxe significa, isto é, a maneira de dizer influencia o sentido, a forma de dizer se beneficia das condições históricas de produção do discurso. O legislador, referindo-se à educação do sujeito deficiente na rede regular de ensino, fala, num momento, "no que for possível"[17] e, no outro, fala "preferencialmente".[18] Assim, o "no que for possível", nas condições de produção do discurso nos anos 1960 e 1970, significava que era improvável o atendimento, mas que se vislumbrava essa possibilidade. O atendimento educacional do sujeito deficiente "preferencialmente" na rede regular de ensino, dos anos 1980 e 1990, significa a possibilidade de concretização desse atendimento.

Além de haver outras maneiras de dizer, o que é dito não tem origem no autor do discurso. O autor retoma os sentidos preexistentes e tem a ilusão de ser a origem deles. Os sentidos se realizam no autor pela circunstância de como ele se inscreve na língua e na história. Esse, o "Esquecimento n. 1", é da ordem do ideológico. Dessa forma, o sentido discursivo dos enunciados "no que for possível" e "preferencialmente" preexistia à sua formulação no texto legislativo, pois já havia a previsibilidade de atendimento educacional do sujeito deficiente na rede regular de ensino. A esse mecanismo que funda a estratégia discursiva, Pêcheux (1997a) chama de "antecipação". A antecipação trabalha com as decisões antecipadoras do locutor orientadas pelos valores que antecedem as eventuais respostas do

---

17. LDBEN n. 4.024/61, art. 88 mantido na LDBE 1º e 2º Graus, n. 5.692/71.
18. Constituição da República Federativa do Brasil de 1988, art. 208.

interlocutor. O locutor supõe o que o outro vai pensar/dizer e a sua posição de significar, e isso vai ser constitutivo do seu discurso. Percebe-se que, pelo mecanismo de antecipação, o interlocutor é constitutivo do dizer do locutor e o locutor está invadido pelo ouvinte e vice-versa. Também, o discurso é endereçado a um outro, qualquer que seja sua alteridade. No caso do discurso construído pela legislação, os sujeitos deficientes são constituídos em uma formação imaginária sobre a qual o discurso se realiza. Essa relação imaginária é fundante do efeito de sentido de sujeito deficiente. A discursividade sobre o sujeito deficiente se realiza mediante a formação imaginária da eficiência. O discurso da eficiência se projeta sobre a deficiência constituindo e apagando o sujeito deficiente. Esse apagamento se efetiva por meio do funcionamento discursivo das palavras, que, de acordo com a formação discursiva à qual pertençam, vão produzir deslocamentos de sentidos sem que para isso seja necessário trocar essas palavras. O apagamento se deve ao movimento das palavras que atualizam memórias e, com isso, produzem uma deriva ideológica que condiciona o modo de significar o sujeito deficiente.

Um conjunto de regularidades compõe as condições de produção do discurso. Esse conjunto de regularidades denominado por Pêcheux (1997a) de "formação discursiva" determina o que pode e o que deve ser dito num dado momento. Então, o enunciado "no que for possível" instaura uma questão de debate entre uma formação discursiva que defende o atendimento educacional do sujeito deficiente em espaços especiais e a formação discursiva que defende a educação do sujeito deficiente na rede regular de ensino a fim de integrá-lo na comunidade. Já o enunciado "preferencialmente" funciona como uma atualização. A atualização dessa memória não extingue a polêmica anterior, e faz uma projeção da polêmica entre duas formações discursivas que defendem a inclusão do sujeito deficiente na rede regular de ensino.

Um desses discursos que defendem o atendimento abrangente argumenta pela inclusão total e irrestrita de todos na escola regular como uma oportunidade de realizar uma "educação plural, democrática e transgressora" (Mantoan 2003, p. 32). Essa autora defende uma educação que questione as políticas e a organização da educação especial e da educação regular, que reconheça e valorize as diferenças e que proporcione a todos os alunos, sem nenhuma exceção, a frequência às salas de aula do ensino regular. Nessa perspectiva de educação inclusiva

> (...) suprime-se a subdivisão dos sistemas escolares em modalidades de ensino especial e de ensino regular. As escolas atendem às diferenças sem discriminar, sem trabalhar à parte com alguns alunos, sem estabelecer regras específicas para se planejar, para aprender, para avaliar (...). (*Idem*, p. 25)

O outro discurso que também defende o atendimento inclusivo se insere numa formação discursiva que reconhece a necessidade de intervenções e recursos especializados para o atendimento adequado às necessidades educacionais do aluno/sujeito deficiente incluído no ensino regular. A implementação da educação inclusiva, por esse ponto de vista, admite que, para demandas diferenciadas, sejam requeridos providências e recursos educacionais especiais. Nessa perspectiva, Mazzotta (2005, p. 5) argumenta que

> (...) na concretização da educação escolar poderá ser melhor utilizar diferentes auxílios e serviços educacionais que venham de fato atender bem às necessidades dos alunos do que colocá-los em uma única, esplêndida e especialíssima escola, mas onde todos fiquem sem as competentes respostas a suas necessidades básicas de aprendizagem para uma vida digna e feliz.

A polêmica instalada em relação ao lócus do atendimento educacional do sujeito deficiente é constitutiva de determinadas memórias; ela não se instaura de imediato: "ela só se legitima ao aparecer como repetição de uma série de outras que define a própria 'memória polêmica' de uma formação discursiva" (Maingueneau 1993, p. 124). O discurso é o lugar da polêmica. É o lugar onde se encontram a língua e a ideologia e é nele que se pode compreender como o linguístico e o político se combinam na construção dos sentidos e na constituição dos sujeitos. Os sentidos de sujeito deficiente constituíram-se ao longo de uma história que, pela memória, pelo interdiscurso, fala em nós. Desse modo, sempre que se ouve ou se fala "deficiente", esses efeitos de sentidos retornam e atualizam a memória social e política do debate em torno da exclusão e da inclusão do sujeito deficiente.

Uma interpretação do enunciado atendimento "preferencialmente na rede regular de ensino" mostra que ele pode funcionar pela incorporação, pela negação e pela redefinição do enunciado "atendimento de todos na rede regular de ensino". Esse enunciado pode e deve ser dito na formação discursiva de pensamento favorável ao atendimento de todos os alunos no ensino comum: "sem discriminar, sem trabalhar à parte com alguns alunos, sem estabelecer regras específicas para se planejar, para aprender, para avaliar (...)". O sujeito deficiente, como estudado na análise de "cidadãos brasileiros", comparece ao enunciado por um efeito de pré-construído do discurso liberal. Esse discurso atualiza a memória de igualdade constante do liberalismo que, ao admitir a existência de um sujeito/tipo único, realiza um apagamento das diferenças e, por conseguinte, do sujeito deficiente.

Outra interpretação do enunciado atendimento "preferencialmente na rede regular de ensino" o faz funcionar também pela incorporação e pela redefinição do enunciado "atendimento de todos na rede regular de ensino e pela educação especial". Esse enunciado verte da formação discursiva que determina o que pode e o que deve ser dito em defesa da inoportunidade e da inviabilidade do atendimento de todos os alunos unicamente pela/na rede regular de ensino: "na concretização da educação escolar poderá ser melhor utilizar diferentes auxílios e serviços educacionais que venham de fato atender bem às necessidades dos alunos do que colocá-los em uma única, esplêndida e especialíssima escola (...)". A formulação "atendimento de todos na rede regular de ensino e pela educação especial" funciona sem negar a formulação "atendimento de todos na rede regular de ensino", incorporando-a. Todos os alunos podem ser atendidos na rede regular de ensino e parte deles pode, também, ser atendida pela/na rede especial. O atendimento pela/na rede especial é admitido como fator de reconhecimento e aceitação que contempla e acolhe as diferenças nos processos de aprendizagem e de desenvolvimento.

A ocorrência de "preferencialmente" representa um acréscimo que funciona como um inciso, pois é empregado como tentativa de explicitar o lócus do atendimento educacional especializado. A formulação, uma não coincidência interlocutiva, reporta a discursos outros: o atendimento educacional especializado na rede regular de ensino e o atendimento educacional especializado na rede regular de ensino e pela educação especial.

O enunciado atendimento educacional "preferencialmente na rede regular de ensino" faz, assim, derivar enunciados parafrásticos cujo dizer mantém e atualiza outros dizeres conservados na memória. A sua repetição, a paráfrase, também produz o deslocamento, o equívoco, a polissemia do sentido e do sujeito. É nesse jogo "entre a paráfrase e a polissemia, entre o mesmo e o diferente, entre o já-dito e o a se dizer que os sujeitos e os sentidos se movimentam, fazem seus percursos, (se) significam" (Orlandi 2002, p. 36).

Desse modo, o locutor – legislador, constituinte –, diante da polêmica corrente, é compelido a dizer e o faz no sentido de preencher um espaço que, se não preenchido pelo dizer, permitiria um movimento do sentido cuja interpretação acarretaria consequências práticas distintas. Assim, o efeito de sentido do enunciado "atendimento educacional especializado aos portadores de deficiência, preferencialmente na rede regular de ensino" é outro, diferente do efeito de sentido do possível enunciado "atendimento educacional especializado aos portadores de deficiência na rede regular de ensino". O "preferencialmente" que evoca a formação imaginária do respeito social – e que dela se beneficia – aparece na superfície do discurso com um efeito de sentido de contemplar o atendimento educacional do sujeito deficiente na rede regular de ensino. No entanto, ele funciona como um limitador da extensão desse atendimento. Ao dizer "atendimento educacional especializado aos portadores de deficiência, preferencialmente na rede regular de ensino", o locutor faz silenciar um outro enunciado: "atendimento educacional especializado aos portadores de deficiência na rede regular de ensino".

O acontecimento, isto é, o fato novo que atualiza uma memória discursiva, produzido pelo enunciado "preferencialmente na rede regular de ensino", não mexe apenas com o lugar, a rede de ensino, onde os "portadores de deficiência" serão atendidos. Outros fatores, como a reunião de alunos não deficientes e deficientes em um mesmo espaço, os arranjos didático-metodológicos, a formação de professores, os recursos, os resultados, também reverberam no acontecimento. Os adeptos dos dois campos – os que defendem o atendimento de todos os alunos na rede regular de ensino e os que defendem o atendimento de todos os alunos na

138 Papirus Editora

rede regular de ensino e pela educação especial – vão fazer trabalhar o acontecimento.

A materialidade discursiva do enunciado "preferencialmente na rede regular de ensino" mostra transparência e, ao mesmo tempo, opacidade. A transparência e a opacidade se sustentam nas evidências fornecidas pelas formações ideológicas dos dois campos e fazem o debate discursivo continuar no acontecimento. Assim, o acontecimento inscrito nesse enunciado atualiza a memória do atendimento educacional do sujeito deficiente e não cessa o debate político-educacional; ao contrário, o acontecimento lhe serve de fomento.

No processo de análise do texto legislativo, encaminho para uma apreciação morfológica e sintática, conforme Neves (2003), o enunciado constante do artigo 208, item III da Constituição da República Federativa do Brasil de 1988, com o propósito de ampliar mais as possibilidades de leitura interpretativa do texto legislativo retido para estudo. Diz o artigo:

> Art. 208. O dever do Estado com a educação será efetivado mediante a garantia de:
> III. Atendimento educacional especializado aos portadores de deficiência, preferencialmente na rede regular de ensino;

O *caput* do artigo refere que "O dever do Estado com a educação será efetivado mediante a garantia de:". No sujeito da oração "O dever do Estado com a educação", o locutor, o sujeito constituinte, determina que o Estado tenha a obrigação, o compromisso de oferecer/fazer a educação. O núcleo desse sujeito, a palavra mais importante, o substantivo "dever", que é a forma nominal do verbo dever (forma nominal porque, sem prejuízo da sua significação verbal, pode desempenhar as funções próprias dos nomes, dos substantivos e dos adjetivos), simplesmente enuncia um fato de maneira vaga, imprecisa, impessoal.

O verbo auxiliar da locução verbal "será efetivado", que corresponde ao verbo "efetivar-se-á" ou "se efetivará", é empregado na 3a pessoa. Ao usar o verbo nessa conjugação, no caso do discurso jurídico-legislativo, na perspectiva da análise de discurso, "o locutor provoca diferentes efeitos de sentidos: ao mesmo tempo em que deixa falar *a voz do poder*, a voz estatal, exime-se da responsabilidade de seu ato linguístico" (Oliveira Fávero 2001, p. 34). Além disso, esse verbo está no futuro do presente, do modo indicativo, o que denota um fato certo, positivo, positividade.

Na tentativa de compreender os efeitos de sentido dos termos "do Estado" e "com a educação", valho-me das funções de adjunto adnominal e complemento nominal. Os exemplos são extraídos do *corpus*, para que se possa levar em conta o contexto em que os discursos são analisados. Assim, adjunto adnominal é o termo que caracteriza ou determina os substantivos. Pode realizar-se por meio de artigos, adjetivos, locuções adjetivas ou pronomes. Em "(...) garantir acesso adequado às pessoas portadoras de deficiência", o adjetivo "adequado" qualifica o substantivo "acesso". Outros exemplos de adjuntos adnominais verificam-se em "Os sistemas de ensino assegurarão aos educandos com necessidades especiais: Currículos, métodos, técnicas, recursos educativos e organização, específicos para atender às suas necessidades", em que os artigos definidos "os" especificam os substantivos "sistemas" e "educandos"; a locução adjetiva "com necessidades especiais" especifica o substantivo "educandos", e o pronome "suas" retoma "educandos" como aqueles que têm as necessidades.

Complemento nominal é o termo reclamado pela significação transitiva, incompleta, de certos substantivos, adjetivos e advérbios. Vem sempre regido de preposição. Ele representa o alvo da ação expressa por um nome transitivo, como, por exemplo, em "O ensino primário é obrigatório para todos (...)" – a expressão "para todos" completa o significado de "obrigatório" no contexto em que a frase se insere. Outros complementos nominais se verificam em "A lei instituirá a assistência à maternidade, à infância e à adolescência". Nesse contexto, os termos destacados completam o significado do substantivo "assistência".

Dessa forma, no enunciado "O dever do Estado com a educação será efetivado mediante a garantia de (...)", considero o "do Estado" um adjunto adnominal formado por uma locução adjetiva que exprime posse, indicando a quem pertence o dever. O "com a educação" entendo ser um complemento nominal, uma vez que representa o alvo da ação de dever do Estado. É importante salientar que a palavra "educação" vem precedida do artigo definido "a", que, mesmo funcionando como adjunto adnominal, não remete a uma particularização da educação, mas, sim, encaminha para uma ideia mais ampla de educação.

O Estado efetivará a educação mediante o "Atendimento educacional especializado aos portadores de deficiência, preferencialmente na rede regular de ensino". O "atendimento" constitui um acontecimento que faz trabalhar na atualidade e no espaço de memória que ele resgata e começa a organizar a relação atendimento-deficiente. Esta é uma questão de memória. Memória "é o saber discursivo que faz com que, ao falarmos, nossas palavras façam sentido. Ela se constitui pelo já-dito que possibilita todo o dizer" (Orlandi 1999, pp. 64-65). O sujeito deficiente foi constituído a partir do/pelo discurso médico. Atendimento é um procedimento feito pelo médico. Daí atendimento estar historicamente ligado a sujeito deficiente. "Atendimento" poderia, não fosse a determinação ideológica, ser substituído, sem prejuízo para a ação educacional, por "ensino". Essa possibilidade seria viável porque a língua está sujeita a falhas, a memória é constituída pelo esquecimento e a ideologia "é um ritual com falhas sujeito a equívoco, de tal modo que do já-dito e significado possa irromper o novo, o irrealizado" (*ibidem*).

Os vocábulos "educacional" e "especializado", classificados como adjetivos, são duas palavras de grande valor semântico que estão caracterizando e qualificando o substantivo "atendimento". Considerando as significações apresentadas na língua portuguesa, vimos que "especializado" remete a tratar à parte, de modo particular, especial, e, pela mesma argumentação referida a "atendimento", está estreitamente ligado ao discurso da medicina: especializado-médico.

A noção de especialização, uma decorrência do paradigma cartesiano de construção da ciência moderna, é apontada como capaz de comprometer a percepção do global, que ela fragmenta em partes, e, em função disto, intervir inadequadamente em questões que só podem ser abordadas no seu contexto. Também, a parcelização do conhecimento prejudica a apreensão do que "está tecido junto" e

(...) o conhecimento especializado é uma forma particular de abstração. Especialização "abs-trai", em outras palavras, extrai um objeto do seu contexto e de seu conjunto, rejeita os laços e as intercomunicações com seu meio, introduz o objeto no setor conceptual abstrato que é o da disciplina compartimentada, cujas fronteiras fragmentam arbitrariamente a sistemicidade (relação da parte com o todo) e a multidimensionalidade dos fenômenos. (Morin 2002, p. 41)

A designação do sujeito deficiente no discurso da legislação varia com frequência: anormal, excepcional, com deficiência, portadores de deficiência, com necessidades especiais, com necessidades educacionais especiais, podendo aludir a pessoas, crianças, aprendizes, educandos, alunos, sujeitos, indivíduos, portadores. No texto analisado, o locutor emprega o termo "portadores de deficiência".

A variação da nomenclatura para se referir ao sujeito deficiente vai além da pretensão alegada de desfazer os sentidos pejorativos que impregnam os termos ao longo de seu uso quando em referência a uma situação considerada degradante. Na perspectiva da análise de discurso, as mudanças frequentes na forma de designar o sujeito deficiente podem constituir uma tentativa de impedir, pelo silenciamento, a produção de sentidos. É tentativa porque os sentidos se movimentam, deslizam nos entremeios das formações discursivas, sendo impossível seu silenciamento pleno (Pêcheux 1997a).

Sendo possibilidade de movimentar sentidos, por intervir na relação do sentido com o imaginário e na relação da língua com a ideologia, o silêncio é fundador: ele existe nas palavras, significa por si só. O silêncio "é a própria condição de produção de sentido (...), ele aparece como espaço 'diferencial' da significação: lugar que permite à linguagem significar" (Orlandi 1993, pp. 70-71). O silêncio permite, dá espaço para o sujeito realizar manobras para a produção de sentidos. "Desta concepção de silêncio, como condição e significação, resulta que há uma incompletude constitutiva da linguagem enquanto sentido" (*ibidem*). Essa incompletude significa como possibilidade e não como falha ou falta.

Dessa forma, a variação terminológica que limita o movimento de sentidos e dos sujeitos pelo silenciamento, da qual lança mão o locutor, produz mudanças no lugar e no modo de significar do sujeito deficiente, isto é, designa sujeitos diferentes: ora culpados e dignos de exclusão – o anormal, o excepcional –, ora inocentes e dignos de piedade, de assistência – pessoa, criança, aluno portador de deficiência, com necessidades especiais. A indicação de uma mudança no lugar de significar aparece marcada na

142 Papirus Editora

Constituição do Império de 1824, no seu artigo 8º – "Suspende-se o exercício dos Direitos Políticos –, inciso I – "Por incapacidade física ou moral".

Nesse caso, o sujeito deficiente é designado incapacitado, seja em decorrência de dano físico ou de ordem moral que incluía uma variedade de distúrbios de ordem cognitiva, psíquica, social. Há, assim, na indicação restritiva do lugar de significar, a tentativa de silenciamento do sujeito deficiente, pressuposto no discurso da legislação, para proteger a sociedade.

Continuando a análise morfossintática, o advérbio "preferencialmente" pode ser entendido como ordem, sequência que, juntamente com a locução adverbial "na rede regular de ensino", serve para indicar o lugar onde primeiramente, de preferência, será ministrado o ensino ao sujeito deficiente. Pode ter um efeito de sentido ligado a tempo, a um interstício entre um processo de inclusão, marcado pela realização lenta e gradual,[19] e um processo radical, acelerado, em que todos vão poder imediatamente dividir os mesmos espaços.

O sentido que o enunciado discursivo preferencial goza na nossa sociedade produz um efeito de sentido que torna mais complexa e forte a carga significante de "preferencialmente" conjugando sentidos de discursividade equívoca. Acrescenta-se a isso que, uma sociedade como a nossa, pela sua constituição, pela sua organização e pelo seu funcionamento, tende a produzir um discurso predominantemente do tipo autoritário. Também, "preferencialmente" tem um sentido de vitória da sociedade organizada na medida em que inscreveu a inclusão do sujeito deficiente no sistema de ensino na Carta Constitucional. Ainda que essa inscrição não represente garantia de educação ao sujeito deficiente, pois a existência de um direito, "seja em sentido forte ou fraco, implica sempre a existência de um sistema normativo, onde por 'existência' deve entender-se tanto o mero fator exterior de um direito histórico ou vigente quanto o reconhecimento de um conjunto de normas como guia da própria ação" (Bobbio 1995, pp. 79-80).

---

19. A expressão "lento e gradual" foi utilizada para designar, nos anos 1980, o processo de democratização do país, isto é, a passagem de um regime de exceção para um regime democrático. A elaboração da Carta Constitucional de 1988, em que consta o texto ora analisado, é considerada um dos marcos delimitadores entre o período autoritário e o período chamado democrático.

O advérbio, juntamente com a locução adverbial – "preferencialmente na rede regular de ensino" –, está exprimindo uma circunstância de preferência e de lugar. Está atribuindo um poder de saberes desigualmente distribuído entre a rede regular de ensino e a educação especial, corroborando e reforçando o sentido de ineficácia e ineficiência da rede de ensino especial. O "preferencialmente na rede regular de ensino" eleva o *status* de prestígio da rede de ensino regular, seus recursos humanos, materiais e didáticos, em relação ao *status* da rede de ensino especial. Portanto, constitui-se um efeito de sentido de desprestígio à rede de ensino especial e, nele, seus professores, seus alunos, seus recursos materiais e didáticos. A indicação de uma escola – ou melhor, de uma rede de ensino – produz um cerceamento da possibilidade de escolha. Remete o sujeito deficiente para outro lugar de significação: a rede de ensino regular. Essa mudança no lugar de significar restringe, silencia o movimento de produção de sentidos e do sujeito.

"Preferencialmente", remetendo a ordem, gera um efeito de sentido que indica quem vai primeiro, quem é recebido, atendido primeiro. Essa maneira de comportamento na nossa sociedade se evidencia diante apenas de algumas situações sociais: idosos, gestantes, alguns tipos de deficiente. Na maioria dessas situações, a preferência é concedida mediante normatização jurídica. Logo, a preferência funciona por conta de uma determinação legal, mais do que por uma consciência social. Ainda, preferência tem efeito de sentido ligado a uma hierarquia de prestígio social. Em algumas situações, têm preferência convencionada pela sociedade os "mais": mais idade, mais graduados. Em outras situações, a sociedade convencionou dar preferência aos "menos": menos capazes, menos independentes. Assim, a sociedade, pelos mecanismos jurídicos e científicos, define e impõe essas categorias de conduta social.

Dar preferência ao sujeito deficiente na rede de ensino regular é reconhecer isso como um direito, é assumir que a preferência antes fora dada ao sujeito não deficiente e também que o sujeito deficiente não possuía o direito à rede de ensino regular. E mais: se se está oferecendo um privilégio ao sujeito deficiente – o de ir para a rede de ensino regular – é porque o sujeito não deficiente – que já está na rede regular – é, já, privilegiado.

A leitura de "preferencialmente" possibilita também o efeito de sentido de que é desejável que o sujeito deficiente seja membro da rede de ensino regular, não caracterizando uma obrigatoriedade, portanto, não havendo uma necessidade. Nesse caso, o advérbio "preferencialmente", cujo sentido lexical indica inclusão, no funcionamento discursivo pode funcionar com sentido de exclusão.

É possível perceber, ainda, que o discurso legislativo põe em funcionamento uma contradição no enunciado do inciso III do artigo 208: "Atendimento educacional especializado aos portadores de deficiência, preferencialmente na rede regular de ensino". O atendimento educacional especializado da rede regular de ensino não é o mesmo especializado da educação especial. Na rede regular de ensino a formação docente se realiza em função dos níveis "educação básica" e "ensino superior" e das modalidades de educação e ensino "educação especial", "educação profissional" e "educação de jovens e adultos", enquanto na educação especial a formação docente se dá em função da área de deficiência, da tipologia do aluno sujeito deficiente.

A análise de discurso não busca *o* sentido nem todos os sentidos do texto discursivo como anunciaram Pêcheux (1997a, 2002) e Orlandi (1993, 2002, 2004b). Por isso estive envolvido na análise de sentidos possíveis constituídos pelo discurso legal analisado. A ênfase na procura de efeitos de sentido contidos em "preferencialmente" confirma que os advérbios, em geral, "abrem espaço à imprecisão, à indeterminação, à distensão, ao relaxamento dos itens tematizados, construindo-se mais de um sentido para a norma legislativa, que, assim, pode levar a interpretações mais abertas ou mais frouxas da lei" (Oliveira Fávero 2001, p. 44).

Desse modo, com base na análise do funcionamento discursivo do *corpus* constituído para este estudo, foi possível conhecer as relações dos discursos com as formações discursivas e compreender que os sentidos estão ligados à história e não às coisas; que o sujeito do discurso se constitui na/pela história e pela língua; que a ideologia é quem dá evidência para a relação palavra-coisa. Foi possível compreender também que as condições de produção dos discursos legislativos construídos sobre o sujeito deficiente, o intradiscurso, atravessados por outros discursos, o interdiscurso, produzem efeitos de sentidos diferentes, concordantes e/ou antagônicos, concorrendo para o fechamento ou para a abertura das interpretações possíveis. Isso caracteriza o jogo, interminável, da língua.

CONCLUSÃO

Ao longo deste trabalho estive comprometido em interrogar os efeitos de sentido no discurso sobre o sujeito deficiente produzido pela legislação educacional brasileira. Mantive com o *corpus* retido para o estudo, que foi constituído com base nas Constituições Federais e nas Leis de Diretrizes da Educação, uma relação longa, intensa e, por recomendação de Barthes (2003), amorosa.

Cada parte deste estudo guarda uma relação necessária com as outras, a construção foi ocorrendo quase que simultaneamente e todas elas se combinam para fazer compreender como o político e o linguístico se relacionam no processo de produção de sentidos e constituição do sujeito deficiente ideologicamente evidenciado. Esse modo de trabalhar com o discurso faz aparecerem na materialidade simbólica os sentidos que são obtidos na relação da língua com a história e não como inerentes às palavras. Nessas relações do sujeito com a língua e com a história o não dito produz sentidos que, pela opacidade e não transparência da língua, não podem ser controlados. Assim, os sentidos e os sujeitos se constituem pela ação da língua na história por força da ideologia e do inconsciente.

Para o percurso de análise realizado, foi mobilizado um dispositivo analítico que se constituiu pelas noções de lei, de arquivo, pelas concepções de língua, de discurso, de sentido e de sujeito, de ideologia e de silêncio, necessário para interrogar os efeitos de sentido produzidos na discursividade da legislação.

A lei é mencionada como um preceito formulado pela autoridade constituída que se torna norma geral obrigatória imposta coercitivamente à obediência geral. É escrita em sequências discursivas com aparência de um texto neutro e com a finalidade de promover a ordem e o desenvolvimento. Seu funcionamento interpreta e produz os fatos sociais sobre os quais se aplica. O arquivo é tomado como um documento aberto a uma leitura interpretativa. Para que essa leitura que faz emergirem os dispositivos e as configurações significantes seja possível, é necessário considerar a materialidade da língua e a memória no discurso do arquivo. A relação entre língua, como sistema sintático passível de movimento, e discursividade, como inscrição de efeitos linguísticos materiais na história, constitui a questão principal do trabalho de leitura do arquivo.

A língua como materialidade do discurso é concebida pela análise de discurso como sistema aberto, não homogêneo. Ela não pode dizer tudo, e algumas de suas manifestações são falhas. A regularidade do sistema da língua é afetada, e isso caracteriza o "equívoco". Todo enunciado sempre pode tornar-se outro, porque os sentidos de um enunciado podem ser muitos, não qualquer um, alerta Pêcheux (2002). O sentido de um enunciado – palavra, frase, texto – não existe em si mesmo. Ele é constituído em referência às suas condições de produção, ou seja, à formação ideológica que o produz/ reproduz; daí a necessidade de falar em "efeitos de sentido".

O discurso não é a língua, nem a fala, nem o texto, mas necessita dos elementos linguísticos para ter existência material. Discurso é efeito de sentido entre locutores (Pêcheux 1990a, 1990b). É uma prática social que tem como materialidade uma linguagem e uma regularidade que só podem ser apreendidas por meio da análise dos processos de sua produção. O discurso implica uma exterioridade à língua e encontra-se no social. Ele é, assim, o lugar onde se articulam os processos ideológicos com os fenômenos linguísticos e, dessa forma, os processos sócio-históricos são constitutivos dos sentidos.

A ideologia, na perspectiva da análise de discurso, não é um conjunto de valores. Ela é tomada como constituinte do sentido e do sujeito. O sujeito não pode não significar, não fazer significar. Ele, diante de um objeto simbólico, é levado a dizer o que este significa. Há uma injunção à interpretação. É aí que funciona o mecanismo ideológico, pois

> (...) na realidade, não há um sentido (conteúdo), só há funcionamento da linguagem. No funcionamento da linguagem (...) o seu sujeito é constituído por gestos de interpretação que concernem sua posição. O sujeito *é* a interpretação. Fazendo significar, ele significa. É pela interpretação que o sujeito se submete à ideologia, ao efeito de literalidade, à ilusão do conteúdo, à construção da evidência dos sentidos, à impressão do sentido já-lá. (Orlandi 2001, p. 22)

O silêncio que existe nas palavras, que significa o não dito, que dá o espaço significante, que produz as condições para significar é o "silêncio fundador". A concepção de silêncio compreende, além do silêncio fundador, a "política do silêncio" – o silenciamento –, que, por sua vez, tem duas formas de existência: o "silêncio constitutivo" e o "silêncio local". Na política do silêncio, o silêncio constitutivo representa um efeito de discurso que separa o que se diz e o que não se diz, isto é, instala o "anti-implícito: se diz 'x' para não (deixar) dizer 'y', este sendo o sentido a se descartar do dito". Dessa forma se realiza o apagamento dos "sentidos que se quer evitar, sentidos que poderiam instalar o trabalho significativo de uma 'outra' formação discursiva". O silêncio local, "é a manifestação mais visível desta política: a interdição do dizer [censura]" (Orlandi 1993, p. 76).

Observei nos discursos que constituíram a área específica, capítulo 3, que a educação do sujeito deficiente foi estruturando-se conforme o espírito liberal-capitalista organizador da sociedade brasileira no início do século XX, pela necessidade de oportunizar educação como uma forma de habilitação para o trabalho. A ação pedagógica partia da deficiência, da falta que o aluno apresentava, e procurava desenvolver-lhe habilidades para o convívio social e capacitação para realizar alguma tarefa. As concepções dessas ações pedagógicas vinculavam-se à área médica, e os serviços eram desenvolvidos em centros de reabilitação e instituições especializadas.

O envolvimento da sociedade na forma de organizações filantrópicas, a partir dos anos 1930, levou à introdução de uma abordagem legislativa diferenciada em relação à designação do sujeito deficiente. Assim, foi necessário a Constituição de 1937 se referir a "uma educação adequada às suas faculdades, aptidões e tendências vocacionais"; a Constituição de 1946 estabelecer que "cada sistema de ensino terá obrigatoriamente serviços de assistência educacional que assegurem aos alunos necessitados condições de eficiência escolar", e a LDBEN n. 4.024/61 determinar a efetivação da "educação de excepcionais".

A designação do sujeito deficiente pelo discurso da legislação educacional brasileira, de alguma forma, já se evidenciava desde a Constituição Imperial de 1824, que fala em "instrução primária" para todos. Também nas primeiras Constituições Republicanas, o sujeito deficiente está pressuposto nos seus discursos. Influenciada pelo discurso legislativo (e, em contrapartida, influenciando-o) realizava-se a abertura de classes especiais, de escolas especiais, de oficinas profissionalizantes, instâncias que iam, paulatinamente, consagrando a diferença e o sujeito diferente.

Assim, foram sendo construídos pela língua e pela história os sentidos e o sujeito deficiente, bem como os lugares próprios para, de lá, ele significar. Esses lugares, na concepção do hibridismo cultural, são entrelugares, pontos de passagem, fronteiras. Na perspectiva do hibridismo cultural, o sujeito deficiente é constituído não em um lugar próprio da deficiência, mas no interstício onde a normalidade e a deficiência habitam simultaneamente. O espaço híbrido gera um movimento de identidade e diferença e um movimento nas relações de poder, tornando as polaridades primordiais menos ortodoxas.

A partir dessa concepção de construção de sentidos e constituição de sujeitos em espaços híbridos, pressupõe-se a possibilidade de um hibridismo cultural que acolhe as diferenças (Bhabha 2005). Assim, o sujeito deficiente constituído nesses espaços culturais, em que o trabalho da cultura funciona como um espaço de interação simbólica, evidencia um modo de funcionar por meio da articulação das diferenças. A perspectiva do hibridismo cultural rompe com o princípio binário de constituição de sentidos e de sujeitos; no entanto, a ideia da diferença ainda é uma habitante sadia no imaginário da sociedade brasileira capitalista e ocidentalizada.

Referindo-se à construção multicultural da igualdade e da diferença, B.S. Santos (1999) assegura que a igualdade pressupõe o reconhecimento e a aceitação das diferenças entre sujeitos e culturas. A igualdade inclui o direito à diferença, o que não significa identidade nas escolhas ou nas aptidões. Uma rearticulação das políticas de igualdade e de identidade torna possível reconhecer que nem toda diferença é inferiorizadora e, por isso, a ideia de igualdade não se reduz a uma única norma identitária. Entretanto, as sociedades capitalistas têm dado tratamento desigual aos sujeitos por meio de um discurso redutor do direito à diferença. Isso se revela pela análise do discurso sobre o sujeito deficiente produzido pela legislação educacional brasileira.

A discursividade produzida na legislação sobre o sujeito deficiente define, identifica, classifica, determina o que, como e quando fazer e quem vai fazer. Designa um lugar/não-lugar, uma forma/não-forma de significar. Esse discurso nega o acesso e a inscrição na rede simbólica e significante. Com isso, constrói um revestimento que tenta interditar o movimento do sentido e do sujeito deficiente. O discurso legal, servindo-se como argumento da deficiência como falha, faz transbordar o efeito de sentido da ideologia. Realiza uma sobreposição do imaginário social da deficiência, produzindo uma subjetividade que nega sua condição de alteridade.

Contudo, a discursividade é caracterizada como efeito da língua que se inscreve na história, sujeita à falha, ao trabalho do equívoco, não como um defeito, mas como um modo de existência e de funcionamento do sujeito e do sentido. O sujeito não é homogêneo. Ele se constitui no entrecruzamento de diferentes discursos. Essa polifonia é constitutiva do sujeito (Gadet e Pêcheux 2004). Assim, o assujeitamento, a constituição do sentido e do sujeito deficiente, além de heterogêneo, nunca é completo.

A constituição do sujeito, assim, não se dá na forma de um movimento linear e não se realiza na sua plenitude. Os sentidos e os sujeitos se constituem nos espaços híbridos de tensão ideológica. A relação com a linguagem não é uma relação ingênua, uma relação com as evidências, mas, sim, uma relação que articula o simbólico com o ideológico. A língua como dispositivo simbólico não realiza uma cobertura completa da realidade, o dito tem relação com o não dito, e é a ideologia que dá evidência aos sentidos.

A análise do *corpus* discursivo constituído para este estudo, considerando sua inscrição na língua e na história, sugere que há injunção para que o sujeito legislador se manifeste no texto da legislação em relação ao atendimento educacional do sujeito deficiente.[1] Colocando-se o dito em relação com o não dito no discurso, ouvindo naquilo que o sujeito legislador diz o que ele não diz, mas que igualmente produz sentido, pode-se interpretar a sua ação. Ao determinar que o atendimento educacional do sujeito deficiente seja realizado preferencialmente na rede regular de ensino, a lei produziu um duplo apagamento, fazendo silenciar, momentaneamente, os sentidos produzidos pelas duas formações ideológicas: a que defende o atendimento total na rede regular de ensino e a que defende o atendimento na rede regular de ensino e pela educação especial. Isso, ao mesmo tempo em que não marca uma posição na polêmica sobre o lócus do atendimento, retém outros sentidos e desdobramentos que poderiam derivar tanto de uma como da outra formação discursiva em que se inscrevem as duas posições referentes ao atendimento educacional.

O discurso sobre o sujeito deficiente estruturado para esta análise mostra a ocorrência de frequentes mudanças na forma de designar o sujeito deficiente. A troca de uma palavra por outra, sinônimo ou não, comum na perspectiva semântica, pode, na perspectiva discursiva, ir além de uma retórica ingênua, porque as palavras constroem uma memória que, recuperada pela sua historicidade, remete para sentidos que as marcaram em outros momentos da relação língua-ideologia. Essas diferentes maneiras de designar podem revelar que, para além dos fatores biológicos, são os processos ideológicos, sociais e econômicos que constituem e atualizam os sentidos e o sujeito deficiente.

A produção, a ampliação, a renovação e o excesso de legislação sobre o sujeito deficiente parecem constituir uma forma de vigilância, uma estratégia de afastamento do sujeito deficiente, um mecanismo de proteção da sociedade diante da insegurança atiçada pelo imaginário hostil da deficiência experimentada pela população. Ainda, o excesso da legislação preenche o espaço de certa indeterminação que se faz necessária no indivíduo para ali emergir a subjetividade, pois o processo de tornar-se sujeito implica a ideia de um possível, de uma falta. O discurso sobre o sujeito deficiente produzido

---

1. Inciso III do artigo 208 da Constituição da República Federativa do Brasil de 1988.

152 Papirus Editora

pela legislação, na medida em que interpreta, produz o fato social; é um discurso da ordem da organização do social e produz um efeito de sentido que limita o funcionamento do discurso da ordem do simbólico. Para o discurso da legislação, a incompletude e a falta são significadas como falha, déficit e não como possibilidade, como desejo.

O sujeito ocupa um espaço tenso situado entre a reprodução das condições de produção, aquilo que está instituído e o desejo de transformação, de significar e de se significar (Pêcheux 1997a). Vivemos em um mundo onde queremos ser simultaneamente iguais e diferentes (B.S. Santos 1999). A diferença é o começo porque só as diferenças se assemelham (Deleuze 2006). "Utopia", diz Barthes (2003, p. 99), "a de um mundo onde só houvesse diferenças, de modo que diferenciar-se não seria mais excluir-se". Assim pode ser pensada a oportunidade de o sujeito deficiente conquistar a condição de habitar o espaço social/escolar como sujeito/aluno comum, simultaneamente diferente e igual.

O discurso analisado permanece aberto para novas interpretações e produzirá sentidos outros. Isso não tem relação somente com a falta de objetividade da análise realizada. Outros sentidos vão surgir, porque o *corpus* retido para estudo é parte de um processo discursivo maior, e a forma como o recorte foi feito mobilizou um determinado dispositivo teórico de interpretação. Também porque a análise de discurso não busca o sentido verdadeiro, mas o sentido real inscrito numa materialidade linguística e histórica. Assim, os sentidos produzidos caracterizam-se pela incompletude na discursividade sobre o sujeito deficiente.

Neste trabalho, realizei uma leitura crítica da discursividade sobre o sujeito deficiente produzida pela legislação educacional brasileira, pois, para ser fiel ao projeto teórico de Michel Pêcheux, não poderia ser diferente. Retorno, por derradeiro, a Pêcheux (1990a, p. 151) para com ele dizer que "um imenso trabalho fica por se efetuar" – ele se referindo à análise de discurso, e eu me referindo ao sujeito deficiente.

REFERÊNCIAS BIBLIOGRÁFICAS

ACHARD, P. (1999). *Memória e produção discursiva do sentido. In:* ACHARD, P. *et al. Papel da memória.* Trad. de José Horta Nunes. Campinas: Pontes, pp. 11-22.

AUTHIER-REVUZ, J. (1982). "Heterogeneidade mostrada e heterogeneidade constitutiva: Elementos para abordagem do outro no discurso". Trad. de Alberto Oliveira. *DRLAV*, n. 26. Paris: Centro de Pesquisas da Universidade de Paris VIII.

_____ (1998). *Palavras incertas: As não coincidências do dizer.* Trad. de Eni Orlandi. Campinas: Ed. da Unicamp.

BANKS-LEITE, L. e SOUZA, R.M. (2000). "O des(encontro) entre Itard e Victor: Os fundamentos de uma educação especial". *In:* BANKS-LEITE, L. e GALVÃO, I. (orgs.). *A educação de um selvagem: As experiências pedagógicas de Jean Itard.* São Paulo: Cortez, pp. 57-82.

BARBOSA, R. (2004). *Oração aos moços.* São Paulo: Martin Claret.

BARRETO, A.P. (1992). "Ulisses Pernambucano, educador", *Psicologia, Ciência e Profissão*, vol. 1, n. 92. Brasília, pp. 14-17.

BARTHES, R. (1988). "A morte do autor". *In: O rumor da língua.* Trad. de Mario Laranjeira. São Paulo: Brasiliense.

_____ (2003). *Roland Barthes por Roland Barthes.* Trad. de Leyla Perrone-Moisés. São Paulo: Estação Liberdade.

BENVENISTE, É. (1995). *Problemas de lingüística geral I.* Trad. de Maria da Glória Novak e Maria Luisa Néri. Campinas: Pontes, Unicamp.

BHABHA, H.K. (2005). *O local da cultura.* Trad. de Myriam Ávila, Eliana Reis e Gláucia Gonçalves. Belo Horizonte: UFMG.

BOBBIO, N. (1995). *Teoria do ordenamento jurídico.* Trad. de Maria Celeste Leite Santos. Brasília: Ed. da UnB.

BRANDÃO, J.S. (1991). *Dicionário mítico-etimológico da mitologia grega.* Petrópolis: Vozes.

BRASIL (1961). *Lei n. 4.024/61. Diretrizes e Bases da Educação Nacional.* Brasília.

_____ (1971). *Lei n. 5.692/71. Diretrizes e Bases para o Ensino de 1º e 2º Graus.* Brasília.

_____ (1981). "Constituição Política do Império do Brasil – 1824"; "Constituição da República dos Estados Unidos do Brasil – 1891"; "Constituição da República dos Estados Unidos do Brasil – 1934"; "Constituição dos Estados Unidos do Brasil – 1937"; "Constituição dos Estados Unidos do Brasil – 1946"; "Constituição da República Federativa do Brasil – 1967"; "Constituição da República Federativa do Brasil – 1969". *In:* CAMPANHOLE, A. e CAMPANHOLE, H. L. *Constituições do Brasil.* São Paulo: Atlas, pp. 5-118.

_____ (1988). *Constituição da República Federativa do Brasil – 1988.* Brasília: Senado Federal.

_____ (1994). MEC. Secretaria de Educação Especial. *Política Nacional de Educação Especial.* Brasília.

_____ (1996). *Lei n. 9.394/96. Diretrizes e Bases da Educação Nacional.* Brasília.

CANGUILHEM, G. (2006). *O normal e o patológico.* Trad. de Maria Thereza R. C. Barrocas. Rio de Janeiro: Forense Universitária.

CHARAUDEAU, P. e MAINGUENEAU, D. (2004). *Dicionário de análise do discurso.* Trad. de Fabiana Komesu. São Paulo: Contexto.

CHIZZOTTI, A. (2001). "A Constituinte de 1823 e a educação". *In:* FÁVERO, O. (org.). *A educação nas constituintes brasileiras (1823-1988).* Campinas: Autores Associados, pp. 31-54.

COURTINE, J-J. (1999). "O chapéu de Clementis. Observações sobre a memória e o esquecimento na enunciação do discurso político". Trad. de Marne R. Rodrigues. *In:* INDURSKY, F. e FERREIRA, C.L. (orgs.). *Os múltiplos territórios da análise de discurso.* Porto Alegre: Sagra Luzzatto, pp. 15-22.

CURY, C.R.J. (2001). "A educação e a primeira constituinte republicana". *In:* FÁVERO, O. (org.). *A educação nas constituintes brasileiras (1823-1988).* Campinas: Autores Associados, pp. 69-80.

_____ (2005). *Os fora de série na escola.* Campinas: Autores Associados.

CURY, C.R.J.; HORTA, J.S.B. e FÁVERO, O. (2001). "A relação educação-sociedade-estado pela mediação jurídico-constitucional". *In*: FÁVERO, O. (org.). *A educação nas constituintes brasileiras (1823-1988)*. Campinas: Autores Associados, pp. 5-30.

DELEUZE, G. (2006). *Diferença e repetição*. Trad. de Luiz Orlandi e Roberto Machado. Rio de Janeiro: Graal.

FERREIRA, A.B.H. (1999). *Novo Aurélio século XXI*. Rio de Janeiro: Nova Fronteira.

FONSECA, M.A. (1995). *Michel Foucault e a constituição do sujeito*. São Paulo: Educ.

FOUCAULT, M. (1977). *Vigiar e punir: Nascimento da prisão*. Trad. de Ligia M.P. Vassallo. Petrópolis: Vozes.

_____ (2002). *Os anormais: Curso no Collège de France*. Trad. de Eduardo Brandão. São Paulo: Martins Fontes.

_____ (2004a). *A ordem do discurso*. Trad. de Laura Fraga de Almeida Sampaio. São Paulo: Loyola.

_____ (2004b). *Microfísica do poder*. Trad. de Roberto Machado. Rio de Janeiro: Graal.

FRANÇA, R.L. (1977). "O conceito de lei". *In*: FERREIRA FILHO, M.G. (org.). *Enciclopédia Saraiva do Direito*. São Paulo: Saraiva.

GADET, F. e PÊCHEUX, M. (2004). *A língua inatingível*. Trad. de Bethânia Mariani e Maria E.C. Mello. Campinas: Pontes.

GHIRALDELLI Jr., P. (2003). *Filosofia e história da educação brasileira*. São Paulo: Manole.

GREGOLIN, M.R.V. (2005). "Nas malhas da mídia: Agenciando os gêneros, produzindo sentidos". *In*: BARONAS, R.L. (org.). *Identidade, cultura e linguagem*. Campinas: Pontes, pp. 23-34.

GRIGOLETTO, M. (2002). *A resistência das palavras: Discurso e colonização britânica na Índia*. Campinas: Ed. da Unicamp.

GUILHAUMOU, J. e MALDIDIER, D. (1997). "Efeitos do arquivo: A análise do discurso no lado da história". *In*: ORLANDI, E. (org.). *Gestos de leitura: Da história no discurso*. Campinas: Ed. da Unicamp, pp. 163-187.

GUIMARÃES, E. (1989). "Enunciação e história". *In*: GUIMARÃES, E. (org.). *História e sentido na linguagem*. Campinas: Pontes, pp. 71-79.

_____ (1996). "Os sentidos de cidadão no Império e na República do Brasil". *In*: GUIMARÃES, E. e ORLANDI, E. (orgs.). *Língua e cidadania: O português no Brasil*. Campinas: Pontes, pp. 39-46.

_____ (2005). *Os limites do sentido: Um estudo histórico e enunciativo da linguagem*. Campinas: Pontes.

HAROCHE, C. (1992). *Fazer dizer, querer dizer*. Trad. de Eni Orlandi. São Paulo: Hucitec.

HORTA, J.S.B. (2001). "A educação no Congresso Constituinte de 1966-67". *In*: FÁVERO, O. (org.). *A educação nas constituintes brasileiras (1823-1988)*. Campinas: Autores Associados, pp. 202-239.

ITARD, J. (2000). "Da educação de um homem selvagem ou dos primeiros desenvolvimentos físicos e morais do jovem selvagem do Aveyron". *In*: BANKS-LEITE, L. e GALVÃO, I. (orgs.). *A educação de um selvagem: As experiências pedagógicas de Jean Itard*. São Paulo: Cortez, pp. 117-229.

JANNUZZI, G. (2004). *A educação do deficiente no Brasil*. Campinas: Autores Associados.

JODELET, D. (2001). "Representações sociais: Um domínio em expansão". *In*: JODELET, D. (org.). *Representações sociais*. Trad. de Lílian Ulup. Rio de Janeiro: Eduerj, pp. 17-44.

_____ (2005). *Loucuras e representações sociais*. Trad. de Lucy Magalhães. Petrópolis: Vozes.

MAINGUENEAU, D. (1993). *Novas tendências da análise de discurso*. Trad. de Freda Indursky. Campinas: Pontes, Unicamp.

MANTOAN, M.T.E. (2003). *Inclusão escolar: O que é? Por quê? Como fazer?* São Paulo: Moderna.

MAZZOTTA, M.J.S. (1999). *Educação especial no Brasil: História e políticas públicas*. São Paulo: Cortez.

_____ (2005). "Reflexões sobre inclusão com responsabilidade". Conferência realizada no Simpósio Internacional sobre Deficiência Visual – América Latina e inclusão social. São Paulo.

MONTEIRO LOBATO, J.B. (1997). *Aritmética da Emília*. São Paulo: Brasiliense.

MORIN, E. (2002). *Os sete saberes necessários à educação do futuro*. Trad. de Catarina F. Silva e Jeanne Sawaya. São Paulo: Cortez.

_____ (2003). *A cabeça bem feita: Repensar a reforma, reformar o pensamento*. Trad. de Eloá Jacobina. Rio de Janeiro: Bertrand Brasil.

MOSCOVICI, S. (2005). "Prefácio". *In*: JODELET, D. *Loucuras e representações sociais*. Trad. de Lucy Magalhães. Petrópolis: Vozes, pp. 11-31.

NEVES, M.H.M. (2003). *Gramática de usos do português*. São Paulo: Ed. da Unesp.

OLIVEIRA, I.B. (2002). "Aprendizagens culturais cotidianas, cidadania e educação". *In*: OLIVEIRA, I.B. e SGARBI, P. (orgs.). *Redes culturais, diversidade e educação*. Rio de Janeiro: DP&A, pp. 37-56.

OLIVEIRA, R.P. (2001). "A educação na Assembléia Constituinte de 1946". *In*: FÁVERO, O. (org.). *A educação nas constituintes brasileiras (1823-1988)*. Campinas: Autores Associados, pp. 153-189.

OLIVEIRA FÁVERO, T. (2001). "O duplo jogo discursivo do advérbio". *In*: CORACINI, M.J. e PEREIRA, A.E. (orgs.). *Discurso e sociedade: Práticas em análise de discurso*. Pelotas: Educat, pp. 15-49.

158 Papirus Editora

ORLANDI, E. (1989). "Silêncio e implícito (Produzindo a monofonia)". *In*: GUIMARÃES, E. (org.). *História e sentido na linguagem*. Campinas: Pontes, pp. 39-46.

_____ (1993). *As formas do silêncio: No movimento dos sentidos*. Campinas: Ed. da Unicamp.

_____ (1996). *Discurso e leitura*. Campinas: Ed. da Unicamp.

_____ (1999). "Maio de 1968: Os silêncios da memória". *In*: ACHARD, P. *et al. Papel da memória*. Trad. de José Horta Nunes. Campinas: Pontes, pp. 59-71.

_____ (2001). *Discurso e texto: Formação e circulação dos sentidos*. Campinas: Pontes.

_____ (2002). *Análise de discurso: Princípios e procedimentos*. Campinas: Pontes.

_____ (2003). *A linguagem e seu funcionamento: As formas do discurso*. Campinas: Pontes.

_____ (2004a). "A análise de discurso em suas diferentes tradições intelectuais: O Brasil". *Anais do Seminário de Estudos em Análise de Discurso*, 1. Porto Alegre: UFRGS [CD-ROM].

_____ (2004b). *Interpretação: Autoria, leitura e efeitos do trabalho simbólico*. Campinas: Pontes.

PÊCHEUX, M. (1990a). "Análise automática do discurso (AAD-69)". *In*: GADET, F. e HAK, T. *Por uma análise automática do discurso: Uma introdução à obra de Michel Pêcheux*. Trad. de Bethânia Mariani. Campinas: Ed. da Unicamp, pp. 61-161.

_____ (1990b). "Análise de discurso: Três épocas (1983)". *In*: GADET, F. e HAK, T. *Por uma análise automática do discurso: Uma introdução à obra de Michel Pêcheux*. Trad. de Bethânia Mariani. Campinas: Ed. da Unicamp, pp. 311-319.

_____ (1997a). *Semântica e discurso: Uma crítica à afirmação do óbvio*. Trad. de Eni Orlandi. Campinas: Ed. da Unicamp.

_____ (1997b). "Ler o arquivo hoje". *In*: ORLANDI, E. (org.). *Gestos de leitura: Da história no discurso*. Trad. de Bethânia Mariani *et al.* Campinas: Ed. da Unicamp, pp. 55-66.

_____ (1999). "Papel da memória". *In*: ACHARD, P. *et al. Papel da memória*. Trad. de José Horta Nunes. Campinas: Pontes, pp. 49-57.

_____ (2002). *Discurso: Estrutura ou acontecimento*. Trad. de Eni Orlandi. Campinas: Pontes.

PÊCHEUX, M. e FUCHS, C. (1990). "A propósito da análise automática do discurso: Atualização e perspectivas". *In*: GADET, F. e HAK, T. *Por uma análise automática do discurso: Uma introdução à obra de Michel Pêcheux*. Trad. de Bethânia Mariani. Campinas: Ed. da Unicamp, pp. 163-252.

PINHEIRO, M.F. (2001). "O público e o privado na educação: Um conflito fora de moda?". *In*: FÁVERO, O. (org.). *A educação nas constituintes brasileiras (1823-1988)*. Campinas: Autores Associados, pp. 255-291.

PINTO, C.R.J. (1999). "Foucault e as constituições brasileiras: Quando a lepra e a peste se encontram com nossos excluídos", *Educação & Realidade*, vol. 24, n. 2. Porto Alegre, jul.-dez., pp. 33-56.

POZO, J.I. (2002). *Aprendizes e mestres*. Porto Alegre: Artmed.

SANTOS, B.S. (1999). "A construção multicultural da igualdade e da diferença". Coimbra: Universidade de Coimbra, mimeo.

_____ (2001). "Dilemas do nosso tempo: Globalização, multiculturalismo e conhecimento", *Educação & Realidade*, vol. 26, n. 1. Porto Alegre, jan.-jun., pp. 13-32.

_____ (2002). "O fim das descobertas imperiais". *In*: OLIVEIRA, I.B. e SGARBI, P. (orgs.). *Redes culturais: Diversidade e educação*. Rio de Janeiro: DP&A.

_____ (2003a). *Um discurso sobre a ciência*. São Paulo: Cortez.

_____ (2003b). *Pela mão de Alice: O social e o político na pós-modernidade*. São Paulo: Cortez.

SANTOS, J.B. (2004). "Uma reflexão metodológica sobre análise de discursos". *In*: FERNANDES, C.A. e SANTOS, J.B.C. *Análise do discurso: Unidade e dispersão*. Uberlândia: Entre Meios, pp. 109-118.

SILVA, P. de (2003). *Vocabulário jurídico*. Rio de Janeiro: Forense.

SILVA, T.T. (2000). "A produção social da identidade e da diferença". *In*: SILVA, T.T. (org.). *Identidade e diferença: A perspectiva dos estudos culturais*. Petrópolis: Vozes, pp. 73-102.

SUCUPIRA, N. (2001). "O Ato Adicional de 1834 e a descentralização da educação". *In*: FÁVERO, O. (org.). *A educação nas constituintes brasileiras (1823-1988)*. Campinas: Autores Associados, pp. 55-67.

TEIXEIRA, M. (2000). *Análise de discurso e psicanálise: Elementos para uma abordagem do sentido no discurso*. Porto Alegre: Ed. da PUC.

TELFORD, C.W. e SAWREY J.M. (1978). *O indivíduo excepcional*. Trad. de Álvaro Cabral. Rio de Janeiro: Zahar Editores.

VEIGA-NETO, A. (2001). "Incluir para excluir". *In*: LARROSA, J. e SKLIAR, C. *Habitantes de Babel: Políticas e poéticas da diferença*. Belo Horizonte: Autêntica, pp. 105-118.

VERISSIMO, É. (1994). *O resto é silêncio*. Porto Alegre: Globo.

WÜRTH, T. (1975). *O escolar excepcional*. Canoas: La Salle.

ZOPPI-FONTANA, M.G. (2005). "Arquivo jurídico e exterioridade: A construção do *corpus* discursivo e sua descrição/interpretação". *In*: GUIMARÃES, E. e BRUM DE PAULA, M.R. (orgs) *Sentido e memória*. Campinas: Pontes, pp. 93-115.